主编 / 邹晓东

科教发展评论

REVIEW ON SCIENCE, TECHNOLOGY & EDUCATION DEVELOPMENT

第二辑

ZHEJIANG UNIVERSITY PRESS
浙江大学出版社

简　介

《科教发展评论》论文合辑源自《浙江大学教育研究》（浙江大学内刊），自1980年6月《浙江大学教育研究》初创以来，旨在鼓励师生在高等教育研究领域、自身的教育教学实践工作及教育管理过程中不断思索、提炼和研讨，形成具有求是精神的大学育人风气。2008年，浙江大学科教发展战略研究中心将《浙江大学教育研究》改版为电子读本，重设了"以创新促管理、藉管理创一流"的发展宗旨，紧密围绕高等教育的内涵发展以及世界一流大学的建设目标，为促进高等学校建设的各项工作交流与合作提供了一个开放式的理论和政策研究交流平台。

更名为《科教发展评论》的新合辑，由教育部教育发展研究中心和浙江大学发展战略研究院主办，由浙江大学发展战略研究院（浙江大学科教发展战略研究中心）承办，拟围绕科教战略、大学发展、教育管理、教学实践、协同创新、工程教育等主题广邀国内外学者开展研讨。

《科教发展评论》编辑委员会

目　录

Contents

Some Thoughts on the Reform of China's First-Class Universities

中国特色一流大学改革的若干思考①

|任少波|

一、中国大学的历史方位与开展综合改革的背景

（一）中国大学所处的方位

经过改革开放和近几十年的快速发展，中国大学已经上了历史新台阶，在一些方面具备了与世界先进水平学校进行平等竞争的基础。数据显示，中国的九校联盟（C9）与北美大学联盟（AAU）、澳洲八校联盟（Go 8）和英国罗素大学集团（RG）在办学经费、科研经费、论文发表总量等方面已接近中等水平。

在办学经费方面，C9 达到国外高校的中等水平（如图 1 所示）；在科研经费方面，C9 已超过澳大利亚和英国的很多高校，接近美国高校的中下水平（如图 2 所示）；在论文发表总量方面，C9 已经达到国外高校的中等甚至中等偏上水平（如图 3 所示），不过C9 在论文引用量方面和国外高校相比还处于起步阶段（如图 4 所示）。

---

① 在 2014 年 7 月 12 日"2014 年度高校政策研究工作交流研讨会"上的专题报告，根据讲话录音整理。
作者简介：任少波，浙江大学党委副书记。

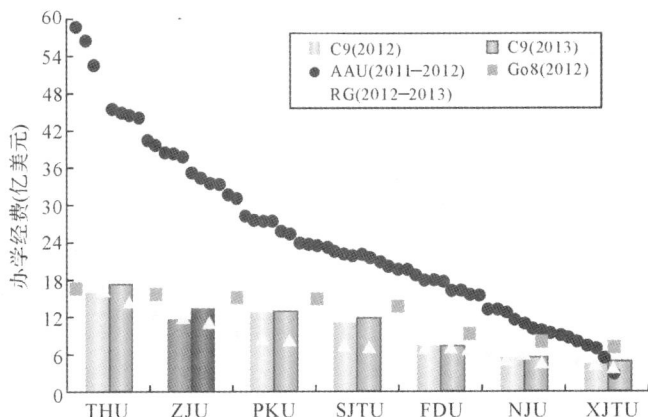

图1 办学经费的国际比较①

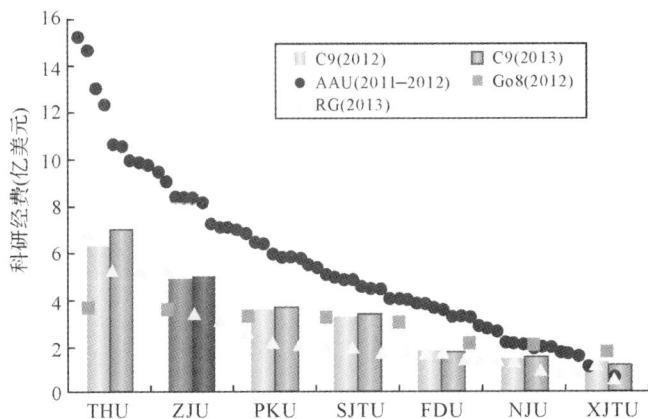

图2 科研经费的国际比较②

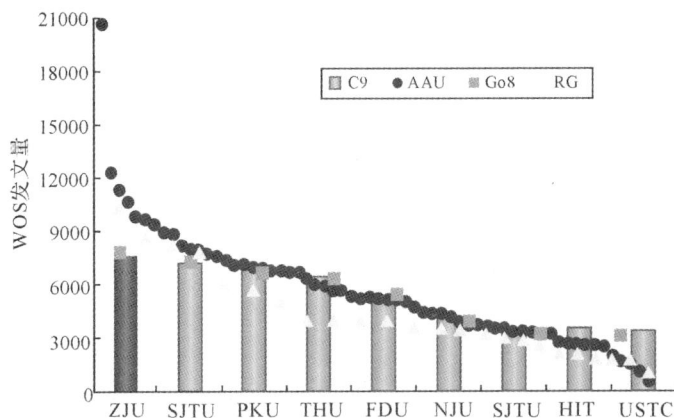

图3 2013年论文发表总量的国际比较(包括 SCI、SSCI、A&HCI)③

①②③ 数据来源:浙江大学发展战略研究院科教信息研究中心,浙江大学信息资源分析与应用研究中心,浙江大学图书与信息中心。浙江大学与国内外一流大学比较分析报告,2014年6月。

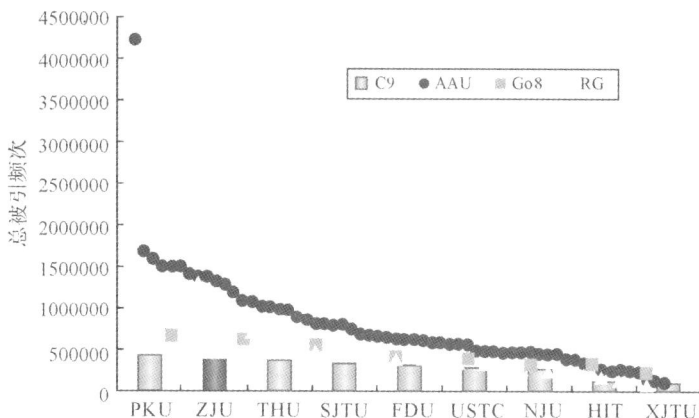

图 4　论文引用量的国际比较①

国家对中国高校的投入在可预计范围内会不断增长，政府对高校会进行长时间的可持续支持，这是中国高校的一个优势所在。然而与中国社会经济飞速发展的需求和国际一流标杆高校相比，中国大学在宏观结构、教育质量、创新能力、文化责任和国际竞争方面仍然面临巨大的挑战。

（二）改革的方向

党的十八大提出，要努力办好人民满意的教育。坚持教育为社会主义现代化建设服务、为人民服务，把立德树人作为教育的根本任务，培养德智体美全面发展的社会主义建设者和接班人。全面实施素质教育，深化教育领域综合改革，着力提高教育质量……推动高等教育内涵式发展，建设学习型社会。十八届三中全会指出，"让一切劳动、知识、技术、管理、资本的活力竞相迸发，让一切创造社会财富的源泉充分涌流，让发展成果更多更公平惠及全体人民"。2014 年 5 月 4 日，习近平总书记在北京大学师生座谈会上的讲话指出，全国高等院校要走在教育改革前列，紧紧围绕立德树人的根本任务，加快构建充满活力、富有效率、更加开放、有

利于学校科学发展的体制机制，当好教育改革排头兵。

《国家中长期教育改革和发展规划纲要（2010—2020）》强调要提高高等教育质量、建设现代学校制度。提高高等教育质量包括牢固人才培养在高校工作中的地位、发挥高校在国家创新体系中的重要作用、增强社会服务能力、优化结构办出特色等内容，建设现代学校制度包括推进政校分开管办分离、落实和扩大学校办学自主权、完善中国特色现代大学制度，其中包含治理结构、大学章程、社会合作和专业评价等内容。

大学改革的核心和关键是提高教育质量，推动高等教育内涵式发展。如何协调这两者之间的关系，创建有中国特色的一流大学，值得政策研究者结合实际、深入探究。

（三）学校行动的路径

在明确改革方向后，学校的政策研究工作者需要提出如何在校内落实中央大政方针、在各个领域全面深化改革的具体方法和路径。在全面改革的基础上，政策研究工作者要更进一步地明确本校的目标、重点、突破口和路径，同时思考如何加强本校核心竞

---

① 　数据来源：浙江大学发展战略研究院科教信息研究中心，浙江大学信息资源分析与应用研究中心，浙江大学图书与信息中心。浙江大学与国内外一流大学比较分析报告，2014 年 6 月。

争力。中国一流大学必须找到能够激发和增强大学全球竞争力的方法和路径,从而使学校富有生机和活力,能够适应社会发展需求,这是大学改革的目标和方向。

目前各个高校制定改革方案有两大热点:一是政府简政放权。进一步明确政府定位,确定权力边界,已成为多个领域深化改革的关键。简政放权是转变政府职能的突破口,是从根本上调动各方积极性、提高管理效率的重要方法。二是学校自身简政放权。目前我们的大学仍处于行政主导下的高度集权,在期待上级部门简政放权的同时,自身也面临着简政放权、释放院系活力、盘活资源配置的改革任务。

研究者对大学制度本身,或者是对目前大学制度最核心的部分所做研究还不够透彻和深刻。现在高校改革的行动路径多为问题导向同时结合目标导向,但对于所有政策研究工作者而言,改革的行动路径应该是问题导向还是目标导向都是一个迷思。若行动路径是问题导向,发现和解决现存问题就构成了大学的改革方案,但以问题导向来确定改革的行动路径能否构建起完整的现代大学制度一直存在争议。若行动路径是目标导向,政策研究工作者设定的目标就成为改革的关键。中国的大学目标多参考西方模式,这种西方模式是否符合中国国情,又和有中国特色的大学制度是否存在冲突,需要我们认真思考。

二、关于核心和突破口问题的思考

(一)两个问题及思考

当前的大学制度改革一定要回答两个问题:什么样的改革能形成高校的核心竞争力?什么样的改革能形成有中国特色的现代大学制度?政策研究工作者要不断反思这两个问题,且不可为改革而改革。正如林

建华校长常强调的那样:我们已经出发,但不可忘记为什么出发。

改革必须有利于形成高校的核心竞争力。我们要不断反思当前的制度改革能否使高校在国内有更强的竞争力,这样的制度演化是否能保证高校获得更好的国际声誉、得到更多认可,这样的改革是否真正解决了质量提升和内涵发展的实质问题,以及实行的改革是否正是我们需要的和所期望的。

我们要清楚地认识到,学校的核心竞争力来自教师和学生的活力与动力。好的大学体制一定要能吸引最好的老师和学生并充分释放他们的无限潜能。一个体系再完善,若没有向前进取的活力和动力便很难持续发展。

学校的主体是教师和学生,教师和学生的活力与动力是中国高校近30年高速发展的源泉。高校的核心竞争力首先依靠教师。曾任清华大学校长的梅贻琦先生认为,"大学者,非谓有大楼之谓也,有大师之谓也"。高校若有大师启迪学生、必能吸引众多学子慕名前来求学。只有充分发挥教师的活力与动力,让其在良好的环境中致力于科研与教学,启迪学生、立德树人,才能形成学校的核心竞争力,在竞争中立于不败之地。目前的一个大问题在于:教师在人才培养中心任务方面动力不足,像过去30年那样对科学研究保持持续的激励和动力也正面临巨大的挑战。

很多人已经发现学校在国内外的声誉来自于学生。哈佛、剑桥等一众名校因其培养出的卓越学生而声名远播,清华、北大亦因其学生的突出贡献而广受赞誉。大学制度的改革一定要能真正激发学生的活力与动力,使其勤于发问、求知若渴、乐于实践以探求真理。教育体系应帮助学生开发其乐趣与潜力,为学生的全面发展提供广阔平台,这样具有综合素质的学生在进入社会后才能更好地适应环境、展现能力、造福社会。

然而目前的教育体系中，学生缺乏追求知识、科技、文化的积极性和主动性，创新能力不足。我们的教育体制应该培养出对未来、对社会充满热情和责任感的有担当的人才而非"精致的"利己主义者。

改革要形成有中国特色的现代大学制度。结合中国国情来看，大学要服务老百姓与政府，让人民和政府都满意，同时中国的大学制度还要符合国际标准。制度改革要在让老百姓和政府满意与符合国际标准之间找到平衡点，这样才能满足大学发展的社会约束条件。大学改革还要进一步弘扬大学精神，引领文化发展。党的十八大提出五位一体的布局，涉及经济建设、政治建设、文化建设、社会建设和生态文明建设五个方面，有中国特色的大学制度要有对此布局的强大适应力，才能在各个因素的互动中不断蓬勃发展。

大学应紧紧围绕激发活力这个核心开展各方面的改革，始终坚持"以人为本，服务发展"，最终落脚于有利于队伍的建设、有利于学生的培养，勇于破除现有体制框架下的资源配置机制，在服务和奉献社会的过程中实现学校的发展愿景。

（二）大学改革的路径安排

大学制度改革可以围绕一个核心和几个突破口进行具体的路径安排。改革的核心是活力，不仅需要调动教师的活力，也要重视激发学生的活力。突破口可以在基层组织、人才培养、社会合作和大学精神等在建设世界一流大学过程中所面临的共性问题中相机取舍。

1. 激发教师活力

首先要明确激励和约束方向。中国高校存在局部教师活力过度和局部教师活力不足并存的现象。和国外教师相比，中国教师在一些方面相当自由，活力失范。我们需要具体问题具体分析，激励那些活力不足的方面，约束活力和自由过度的方面。其次要围绕教师的学术自主权和行动效能进行配套改革，建立起吸引、激励、服务、发展人才的人事制度。通过优化重构基层学术组织和系统建构学术权力来落实教授治学的体制。

2. 激发学生活力

学生活力是中国高校和国外一流高校最大差距所在。只有真正激发学生活力，才能解决质量提升和内涵发展的核心问题。2010 年 10 月 12 日，英国一个第三方调查机构公布了"确保未来的高等教育持续发展"的《布朗报告》，报告指出要将学生放在教学体系的中心地位，充分满足学生的需求，增加学生的选择权，为学生提供高质量的指导和建议，帮助学生选择与就业市场联系紧密的课程。英国的《布朗报告》启发我们：大学改革要从单一的教师视野转向以学生为中心。现有的课程改革如设置精品课程都是站在教师的视角，并未真正把学生放在教育的核心地位。我们要进行以激发学生主体性动力为方向的教学改革，围绕学生的中心地位进行资源配置，让资源和学生主动性迸发出最大的活力与潜力。同时应建立学生参与和自主管理服务的制度框架，协调学生教学体系和组织管理，实现质量评价理念和方法的变革，最终真正建立起立德树人、以学生为中心的教育体系。

3. 建设和培育基层组织

基层组织是竞争力的基本构成单位。要赋予基层更大的资源统筹能力，不断推动基层学术组织的结构与功能完善，优化整体构架，促进基层组织与其他组织交互协同。在培育自我激励、自我约束、自我发展的基层学术细胞的基础上，建立起一批以学术带头人为核心的强大团队和以问题为导向的独立的新型研究机构。因此，在当前下放院系办学自主权，建立真正的交叉机构运行机制,也是改变的一个方向。

4.加强社会合作、弘扬大学精神

服务社会是大学的重要职能,面向社会的开放办学也是中国大学的特征和发展趋势。高校应主动适应经济社会发展,建立服务社会的对接制度,坚持政策导向,建设融入区域和产业发展的办学体系,将人才培养与区域发展更好地结合在一起,增强区域持续发展的竞争力。中国高校可以通过校地战略合作来推进学校和区域的协同发展,通过地方合作办学体制改革来优化办学体系布局,形成多样化的大学格局。同时学校也应在服务社会的过程中建立灵敏快捷的资源获取机制,更快、更好地利用地方优势资源来助力学校跨越式发展。大学精神是学校的灵魂,也是学校不断发展的内生动力,一流大学更应塑造和弘扬大学精神,减弱现行政策的功利色彩,赋予师生理想和信念追求的导向与空间,从而也使大学在服务社会、更加通俗化的过程中,保持相对独立性,拥有创新的特殊环境。

三、浙江大学的探索

浙江大学结合自身特点,探索建设中国特色一流大学的若干突破口,在人才培养、师资队伍建设、激发学术活力、社会合作能力等方面进行了实践探索。

(一)确定人才培养中心地位

学校开展本科教学改革和研究生培养机制改革,确立人才培养中心地位。在本科教学改革方面,开展教育改革研讨,探索制定本科教学发展战略路线图;营造重教氛围,加强教学基本面,保证现有教学计划的执行和质量;优化一纵多横模式,调整主修选择方式,改善学园管理与条件;建设基层教学组织,改善教学条件,建设核心课程。在研究生培养机制改革方面,建立研究生培

养成本补偿机制,合理配置资源;提高研究生待遇,改善生源质量;打开校门,与产业结合,进行专业学位培养机制改革;开展国际合作,提高整体培养水准。

(二)围绕师资队伍创新学科建设

学科改革以人为本。一方面,通过明确人才队伍建设目标,制定三至五年的人才建设规划,引进与培育青年才俊,实施"百人计划",加大高层次人才引进与培育力度。另一方面,通过兼顾资源约束与发展竞争的需要,以学科发展为导向,以人才培养需求为基础,结合教师岗位分类管理和专职研究队伍建设需要,统筹核定院系(单位)阶段性师资队伍编制岗位数,进行评价机制中主体及其权力的重大调整。新一轮的学科建设投入、其主体按人才队伍建设和人才培养进行配置,确保好钢用在刀刃上。

(三)激发学术活力

学校通过建立分学部学术管理系统,如各级各类学术性委员会,以学科和学科群为基础的"学校、学部、院(系)三级学术管理机构",实现学术决策和管理的民主化、科学化。同时,学校重视和培育基层学术组织,赋予基层更大的资源统筹能力,培育基层学术细胞,产生一批以学术带头人为核心的强大团队,建立一批以问题为导向的独立新型研究机构。

(四)增强社会合作能力

在社会合作方面,学校立足浙江、放眼全球;形成了不同层次的产学研组织结构;建立了若干大学、企业战略联盟式集群创新平台;围绕国家需求和战略导向,培育承担国家和区域重大任务的创新团队。学校开放办学与服务社会良性互动,学科布局与校园布局进行同步规划(舟山校区、国际校区等),学校发展与区域发展协同推进(市校战

略合作），优化办学体系布局结构及功能（地方合作院校办学体制改革）。

四、未来大学改革趋势的展望

虽然我们在政策指导上不断摸索大学改革的重点和方向，但在实际改革中仍遇到多重矛盾。如以学生培养为中心的体系建设与迅速提高学校竞争力存在冲突、激发教授活力与提高治理体系的执行力存在矛盾、强调内涵发展与广泛开展社会合作存在冲突，追求办学特色与现行国家社会评价模式也有矛盾。大学体制改革面临着多重选择，要根据实际情况有所取舍。政策研究工作者要意识到短期来看这些目标似乎存在冲突，但长期来看，只要做好顶层规划，明确核心及其突破口，它们会殊途同归。

未来的大学改革会有诸多选择：人才培养中心地位会不断上升；队伍建设将成为学科建设的重中之重；校内权力重心不断下移；人事制度将成为改革重点；大学自主权会进一步扩大；大学及其精神将引领社会文化的发展；大学在国家区域创新体系中的战略地位会不断提升并得到重视。总体而言，未来中国特色一流大学应当具有以下特征：价值使命高尚、依法自主办学、主体地位明确、师生动力强劲、治理结构完善、基层活力迸发、开放合作办学、引领创新体系。相信能充分激发教师和学生活力的大学制度改革一定能为中国高校带来强劲的核心竞争力，使其在国际一流大学中赢得一席之地。

Exert the Role of Think Tanks & Construct a Knowledge Platform for Educational Macro Policies

积极发挥智库作用　构建服务教育宏观决策的知识平台

|马　涛|

　　"智库"（think tanks）也称"思想库"，是指由不同学科背景的专家学者组成，为政府、企业等组织的决策者提供处理事务和解决问题的方法方案、战略规划、理论思想以及公共政策等智力产品的公共研究机构。党的十八大报告在论述健全决策机制时提出，要"发挥思想库作用"，首次把发挥思想库作用放在了党和国家决策中的重要地位，进一步突出了思想库在中国特色社会主义政治建设的作用。党的十八届三中全会审议通过的《中共中央关于全面深化改革若干重大问题的决定》又提出"加强中国特色新型智库建设，建立健全决策咨询制度"，明确了我国智库建设的定位，并把智库建设放到了建设协商民主体系的重要位置。

　　我国广大教育政策研究机构承担着为国家和地方教育决策服务的重要职能，在决策过程中作为政府"外脑"的作用越来越突出，我们要认真思考如何发挥好智库作用，为推动教育事业科学发展、努力办好人民满意教育作出应有的贡献。

一、努力增强发挥教育政策智库作用的使命感和责任感

　　智库是一个国家、一个地区软实力的重要体现，在其所在国家和地区的政治、经济生活中发挥着越来越重要的作用。改革开放以来，随着党和政府决策民主化、科学化的不断推进，我国的智库建设取得了长足的

作者简介：马涛，国家教育发展研究中心副主任。

发展。党和政府日益重视智库在政府决策和舆论引导方面的重要作用，积极鼓励相关研究机构成为党和政府的智库。据统计，目前中国已有各类智库2000个左右，其在政府决策中的作用日益凸显，社会影响日益增大。2011年，由美国著名智库研究专家詹姆斯·麦肯领衔的美国宾夕法尼亚大学"智库与公民社会"项目组发布的2010年《全球智库调查报告》认为，中国大陆地区智库的数量由2008年的世界第12位跃升到2010年的世界第2位。

当今世界正在发生广泛而深刻的变化，当代中国正在发生广泛而深刻的变革，经济社会发展对理论研究、战略规划和政策咨询的需求不断增加，智库在经济社会发展中的作用也越来越凸显。党的十七大在论述繁荣和发展哲学社会科学界时指出，"繁荣发展哲学社会科学，推进学科体系、学术观点、科研方法创新，鼓励哲学社会科学界为党和人民事业发挥思想库作用"，第一次把"发挥思想库作用"写进了党的代表大会报告，明确了哲学社会科学作为党和人民事业思想库的重要职能。十八大又进一步突出了思想库在党和政府决策中的重要作用，明确了发挥思想库作用在党和国家政治生活中的重要地位。十八届三中全会《决定》将智库建设作为加强社会主义民主政治制度建设的重要任务，并首次提出了建设中国特色新型智库的概念，进一步丰富了我国智库建设的内涵。可以说，加强中国特色新型智库建设，已经成为完善和发展中国特色社会主义制度，推进国家治理体系和治理能力现代化的一个不可或缺的重要组成部分。

从教育领域来看，我国已经形成了教育科学研究机构、高等学校、专业学会等多元结合的教育政策研究群体，集中了一大批多学科的专家、学者和官员，他们共同构成了教育领域的智库网络，为实现各级政府教育决策的科学化、民主化提供了较为有力的智力和知识支撑。在新的形势下，教育政策研究承担着服务决策、创新知识、引导舆论、储备人才的重要职能，必须抓住机遇，奋发有为，为推动教育事业科学发展做出让党和政府以及社会信得过、用得上、离不开的贡献。

第一，把发挥教育领域智库作用放在党和国家工作大局之中，树立全局观念。教育的改革与发展从来都不是孤立的，教育与政治、经济、文化、科技的发展始终息息相关，紧密联系。教育在全面建成小康社会中具有基础性、先导性、全局性的重要作用。发挥智库作用，必须自觉围绕党和国家工作大局，对经济社会发展中全局性、战略性、前瞻性的重要理论问题和现实问题进行深入研究，为党和政府科学决策提供思路和对策建议。服务教育宏观决策，要坚持服从服务于党和国家工作大局，准确把握经济社会全局发展的规律，认真思考加快转变经济发展方式，中国特色新型工业化、信息化、城镇化、农业现代化道路，大力推进生态文明建设，增强自主创新能力和国际竞争力对教育提出的新要求，树立全局观念，跳出教育看教育，把研究和咨询工作放到全局中去开展，自觉坚持在全党、全国工作大局下行动。这样才能把握好教育宏观决策服务的正确方向。要以系统、创新的战略视野，紧密围绕建设人力资源强国、基本实现教育现代化的重大战略任务，把握世界教育发展的大趋势，以重大战略问题、现实问题和政策问题为重点，加强前瞻性研究和基础性研究，以优质高效的决策咨询服务于教育事业科学发展的实践。

第二，把努力办好人民满意的教育作为教育政策研究的出发点和落脚点，增强群众意识。十八大报告把"努力办好人民满意的教育"放在"在改善民生和创新管理中加强社会建设"的六项任务之首。发挥必须把办好人民满意的教育作为自身工作的落脚点和出发点，坚持以人为本，在发现研究问题、提出政策建议、评价政策效果等各个方面都要应该自觉把政策建议是否符合基层实际需要、人民群众对政策满意不满意作为重要的衡量标准。教育研究工作者应该主动走出书斋，深入实际、深入基层、深入群众，了解社情民意，关注和研究与民生紧密相关的各种教育问题，认真开展调查研究，为提高服务决策水平搭建社会实践平台。既要仰望星空，又要脚踏实地，从鲜活的基层教育实践中获取研究的养分，从人民群众的呼声中评价教育政策的得失，充分展示教育研究的民生情怀，真正把教育为社会主义现代化服务、为人民服务落到实处。要切实加强对现实社会生活提出的、广大干部群众普遍关心的热点难点问题的研究，努力创造有深度、有分量、有说服力的成果。

第三，坚持理论联系实际，具备解放思想、实事求是的科学态度。经过改革开放30多年的快速发展和不断改革，我国教育改革已经进入了攻坚期和深水区。在发展过程中长期积累的各种矛盾和问题迫切需要有效的政策举措加以解决，迫切需要教育政策研究者从教育发展的纷繁复杂的变化中找到解决问题的规律，创新解决问题的思路。这就要求我们要坚持理论联系实际，解放思想，实事求是。解放思想是政策研究的动力，智库的任务是提供决策咨询服务，但这不意味着可以仅仅是满足于做决策的解释和宣传工作，更要有勇气突破传统的思维方式，冲破条条框框的束缚，有能力对未来教育的发展作出科学的预判，并根据形势发展的需要，提出具有前瞻性、战略性、可行性、导向性的战略分析、决策建议和应对策略。实事求是政策研究的灵魂，要求我们脚踏实地、求真务实、讲求实效，要敢于说真话、勇于提建议。只有这样，才能使我们的政策建议真正符合经济社会发展的实际，符合教育改革发展的实际，才能真正地影响政策的制定。

第四，构筑教育政策研究与国际同行进行对话的桥梁，开拓国际视野。随着我国综合国力的不断增强和国际地位的日益提高，中国正在走向世界，世界更加关注中国。教育改革发展的中国经验，也在日益受到世界各国教育政策研究者和制定者的关注。这要求教育政策研究者要具有世界的眼光，以更加宽广的胸怀，学习和借鉴其他国家智库参与政府决策和进行公共政策研究的有益经验，同时根据当今世界对"中国信息"日益增长的需求，运用扎实的研究成果，以科学的方式向世界诠释中国特色社会主义教育发展的道路和经验，与国际同行开展多方面的政策对话，发出教育政策研究的"中国声音"，让世界聆听中国教育发展的智慧、看法与观点。

二、深刻把握新形势对教育宏观决策服务提出的新要求

改革开放以来，随着党和政府决策民主化、科学化的不断推进，智库在宏观决策中的作用越来越凸显。从教育领域来看，经济社会的不断发展特别是教育事业的快速变化和发展，对各级政府特别是教育行政部门及时应对教育改革和发展中的各种变化并采取相应的战略规划和政策措施提出了新的要求，这在客观上极大地促进了我国教育政策研究和宏观决策服务的发展和完善，教育科学研究机构、高等学校在教育宏观决策中的参与范围不断扩大，决策咨询研究的质量不断提高，教育研究工作者为教育宏观决策服务的自觉性和能动性日益增强，开始发挥出智库的独特作用。在一些重大的教育宏观决策方面，如国家财政性教育经费支出占国内生产总值的 4%、实施免费义务教育、研究制定《国家中长期教育改革和发展规划纲要（2010—2020）》等，教育研究工作者都做出了具有原创性价值的工作。

随着教育改革和发展的深入推进,经济社会发展带来的教育外部环境日益复杂,现阶段我国教育宏观决策服务工作还面临新的要求和挑战,主要有:

一是推动教育事业科学发展对宏观决策服务方式提出了新的要求。随着教育改革和发展的深入推进,提高教育质量、促进教育公平成为教育改革和发展的重点任务,同时教育改革进入了"深水区",深层次的矛盾更加凸显,决策研究就越来越集中到政策操作层面的专业问题,迫切需要有科学的理论和系统的路径加以解决,因此决定了宏观决策服务的方式必须综合化、精细化、实证化,增加专业含量。现在教育改革中面临的很多问题,都没有"一招制敌"的灵丹妙药,而是需要系统、多元的路径进行研究和解决,简单、粗放的政策建议已经无济于事,不能说服和影响决策者。因此,必须转变决策服务方式,充分运用多学科协同攻关的策略,提高决策服务的有效性。

二是新的体制环境和社会条件对决策服务取向提出了挑战。当今中国已经形成了社会利益多元化的格局,存在着不同的利益诉求,各种利益群体通过不同的方式影响政府决策。教育领域也不例外。现在信息技术和传媒技术的发展,已经把涉及公众利益决策的大门打开。过去面对的很多问题,可以关起门来解决,但是现在不行了。如果一个决策不慎或者引起争议,都会成为公共事件。到了现在的阶段,谁来支持宏观决策的理论研究,这个研究要解决什么问题,代表哪些社会群体和部门机构的利益,都比过去要复杂得多。因此,发挥智库作用必须强调社会责任。具有公信力的智库,应该是对社会发展承担起公共责任、对社会进步具有强烈责任意识的组织。负责任的宏观决策服务,必须依靠负责任的、能够不受各种利益集团影响力左右的、建立在调查研究基础上的研究,对经常出现的新情况新问题,及时发出令人信服的主流声音,能决策的尽快推动落实,不能决策的尽快给予合理的解释。不能只对微观局部和个别事件感兴趣,而忽略总体趋势和全局利益。

三是宏观决策服务能力还不能很好地适应新形势要求。主要表现在:宏观决策服务的理论基础还比较薄弱,没有形成比较系统的理论体系和方法论体系。宏观决策包括一般性政策研究的工具比较陈旧单一。技术层面决策研究缺乏配套性和协调性,等等。这些问题影响到了宏观决策服务的质量和深度,总体上看,目前的服务教育决策的研究成果中对决策能产生重大影响力的咨询报告并不多见,很多研究成果始终只能停留在理论宣传层面而无法深入到政策实践领域解决实际问题,必须加以切实改善。

三、切实加强教育宏观决策服务的能力建设

展望未来,教育政策研究服务宏观决策的前景非常广阔,任务也十分艰巨。要按照党的十八大的要求,加强教育宏观决策服务的能力建设,努力构建服务教育宏观决策的知识和智力平台,更好地为推动教育事业科学发展、努力办好人民满意教育发挥智库作用。

第一,构建系统科学的宏观决策研究理论和方法体系。理论和方法体系建设直接关系到智库建设的能力和质量。经过多年的探索,我们在教育政策研究理论和方法体系方面取得了一定的进展,但与服务宏观决策、真正发挥智库作用的要求相比还有较大的差距,需要进一步加强。要在立足于解决中国教育现实问题的基础上,借鉴国际上能为我所用的成熟的政策研究理论和方法,加强政策基础研究和理论创新,通过组织超前研究、大型研究,为决策咨询提供前期积累和理论积淀。逐步建立中国特色的教育政

策研究理论和方法体系，提高教育政策研究的质量和水平。

第二，加强行政型政策研究机构与学术型政策研究机构的协同创新。教育系统内部的行政型政策研究机构包括隶属于各级教育行政部门的政策研究机构、教育科研院所及研究中心等，具有靠近决策部门、掌握决策信息全面、专业资料丰富、提供政策咨询建议实用性强等优势，其研究成果更易于被决策者接受和采纳；但由其性质所决定，行政性政策研究机构也存在着某些局限性，如行政机关领导主导下的政策研究惯性较强，部分研究结果存在着简单、机械地为现行政策作注释和提供支持的缺陷等等。学术型政策研究机构主要分布于高等院校下设的有关所、系、中心等，具有学科广泛、人才众多、基础资料比较系统、研究课题选择自由等特点，而且由于研究与人才培养并重，是我国政策研究人才重要的培养基地和储备库，其在研究的独立性、客观性、灵活性以及视野的广阔性、长远性方面具有独特的优势，但在政策研究所需的内部信息资料获取，以及将政策研究成果转化为政策实践等方面会受到一定的制约。目前，在我国教育科学研究组织体系中，由于各级各类研究机构隶属关系不同，自成体系，力量分散，低水平重复研究的现象也较为严重，带来了彼此之间相互封闭、优势不能互补、政策信息资源不能共享等问题，同时在一定程度上仍然存在着研究人员专业单一化问题，限制了从不同角度对综合性的、全局性的政策问题进行深入研究的视野，难以满足宏观决策的要求。因此，必须大力推动协同创新。既要切实加强科研院所、高校、政府政策研究部门等各类研究组织之间的协调与合作，建立不同范围、不同层次的教育政策研究与宏观决策服务体系。同时又要有机整合各种知识和方法，充分吸收和运用（而不是简单堆积和拼凑）政治学、经济学、管理学、行为科学、运筹学、系统分析等学科的知识和方法，来研究解决一系列复杂的教育政策问题。

第三，以需求和问题为导向，加强重大政策应用研究。教育政策研究是以问题为取向的实践性研究，其生命力在于实践与应用。政策研究在实践中产生，又在实践中得以应用和发展。实践的基础来源于需求和问题。教育政策研究者提出的观点、主张或者建议能够引起社会关注、对决策者产生影响的重要前提，是要善于发现现实存在的真实问题，切合服务对象的需求。只有找准问题，弄清实质，才能提出符合需要的对策。要以应用性对策研究为载体，密切跟踪决策部门的关切与急需，密切关注教育改革与发展的重大紧迫问题和热点问题，及时提供具有科学性、预测性、实证性的咨询建议。要建立健全应用对策研究的快速反应机制，应对政府部门的重大决策，准确、及时、超前提供理论支持和咨询服务。要强化精品意识，力争推出高质量的应用研究成果，打造富有特色的智库品牌，以质量、特色、水平赢得声誉，让具有决策参考价值的对策建议、研究报告能够直接进入决策层视野，让研究成果向教育改革发展的实践转化。

第四，建立资源共享的教育政策数据库。随着网络技术、数字化技术的迅速发展，数据库资源成为人们获取信息的重要途径。如何获取国内外教育政策研究资料、把握政策文献来源是教育政策研究工作者科学服务宏观决策的基本前提之一。因此，有必要将建立和完善教育政策数据库提到议事日程，从而促进教育政策文献资源的共享。建立这个数据库至少应包括以下功能：教育政策研究文献知识库检索、国内外教育政策情报信息分析平台、舆情监测平台等，其内容应该含有专题知识库建设、教育舆情监测系统、教育政策研究知识共享社区、政策研究门户网站等。

第五,加强研究队伍建设,着力打造智库型专才。智库型人才与学术型人才有所不同,既要有很好的理论基础,更要有把握现实的调查分析能力,这就要求他们必须具备较为全面的综合素质。要利用多种途径和方式提高研究人员的综合素质,加强政治意识、责任意识、实践意识和创新意识。要重视发挥学术骨干的作用,为他们创造干事业的平台,在决策咨询工作中成为学科带头人。要加强对青年科研人员的培养,对他们要"传、帮、带",促进青年研究人员的尽快成长。要努力营造人才成长的良好环境,形成宽松、融洽的学术氛围。

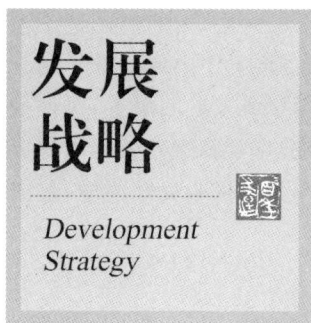

Function Orientation of Different Universities in the National Innovation System

不同类型高校在国家创新体系中的职能定位①

|孙福全| |王文岩|

《国家中长期科学和技术发展规划纲要（2010—2020）》提出，大学是"我国培养高层次创新人才的重要基地"，"基础研究和高技术领域原始创新的主力军之一"，"解决国民经济重大科技问题、实现技术转移、成果转化的生力军"，首次从宏观层面明确了高校在国家创新体系中的职能定位。由于我国高校数量众多，不同类型高校在国家创新体系中所处的地位与所发挥的作用差异较大，因此有必要从建设国家创新体系的高度对高校的职能定位进行深入研究。本文从高校的职能演进出发，对不同类型高校在国家创新体系中的职能定位进行了深入分析，并针对当前高校存在的一些阻碍自身加速发展、影响创新优势发挥的问题，提出了进一步发挥高校创新潜能的政策建议。

一、高校的职能演进

高等教育是一个历史的概念，其产生源自大学的出现，其职能亦随着大学自身的发展与社会经济需求的变化不断得以拓展。

（一）国外高等教育的职能演化

全世界最早的大学诞生于中世纪的欧洲，如意大利的萨莱诺大学、波隆那大学，法国的巴黎大学，英国的牛津大学、剑桥大学等。这些大学基本都是以教学为主的职业

作者简介：孙福全，男，中国科学技术发展战略研究院院务委员，兼科研组织管理办公室主任，研究员（三级），享受国务院特殊津贴专家，浙江大学兼职教授，中国发展战略学会创新战略专业委员会委员，主要研究领域和方向包括科技规划战略研究、产学研合作创新研究、科技国际化问题研究等。

王文岩，女，甘肃兰州人，北京理工大学管理与经济学院讲师，博士，研究方向：技术经济与管理。

学校,旨在培养具有一定专门知识的人才。可以说,从大学出现伊始直到19世纪初,教学型大学是大学的主流形态,人才培养是高等教育最重要的职能,也基本上是唯一的职能。

19世纪初,著名教育家洪堡提出了大学"自治与学术自由"、"教学和研究相结合"的办学理念,在其创设的柏林大学开始了大学职能转变的实践,大学从此开始具有人才培养之外的第二种职能——科学研究。洪堡"教学与科研并重"的办学思想不仅影响了欧洲,而且传入了美国,对许多知名大学的发展产生了深远的影响,推动了一批教学型大学向研究型大学的转型。

19世纪末、20世纪初,美国教育家范海斯提出了"服务社会亦是大学重要职能"的办学理念,在其领导的威斯康辛州立大学开始了高等教育服务社会的开创性实践,从此,大学在人才培养、科学研究之外确立了第三种基本职能——社会服务。威斯康辛州立大学办学理念开启了大学与社会各个领域全面合作的先河,使美国大学的影响越过了围墙,成为影响社会经济发展的重要力量。此后,以哈佛大学、麻省理工学院、斯坦福大学、伯克利大学等为代表的美国研究型大学在知识生产、传播和应用有机结合方面一直走在世界前列,时至今日仍为其他国家的大学所羡慕,是许多高校追求的理想大学模式。

纵观高等教育发展史,高校的职能随着社会进步与经济发展不断拓展。从传统的人才培养到"教学与科研并重",继而拓展到社会服务,高校经历了单一功能向多重功能演变的历程。经过历史的积淀,人才培养、科学研究与社会服务共同构成了现代高等教育的三大基本职能,在社会经济文化教育等领域发挥着重要的作用。

(二)我国高校的职能变迁

建国以来,我国高校秉承近代大学的办学理念,既重视教学活动,又从事科学探索,肩负着人才培养和科学研究的双重使命。只是在实践中,受前苏联教育科技体系的影响,我国大多数高校是以教学为中心的单中心大学,偏重于人才培养,科学研究受重视程度不够,造成了人才培养与科学研究脱节状况,很大程度上影响了我国高校科研水平的提高和创新作用的发挥。

改革开放以后,随着"科学技术是第一生产力"论断的提出,我国政府在强调高校人才培养职能的同时,以重点大学为切入点,大力发展高校的科学研究职能。1978年《全国重点高校暂行工作条例》以工作条例的形式肯定了重点大学同时具有培养人才和科学研究两大职能,要求重点大学逐渐加大科学研究的分量,多出高水平的科研成果。1985年,中共中央《关于教育体制改革的决定》更是明确提出"高校担负着培养高级专门人才和发展科学技术文化的重大任务"。至此,无论是重点大学还是普通大学,我国高校都被明确赋予了教学和科研双重使命,都具备了培养人才和科学研究两大基本职能。在政府引导与社会需求的双重作用下,一些高水平大学率先形成了"教学与科研并重"的办学氛围,高校在国家科学技术体系的地位得到了很大程度的提升。特别是随着"211工程"和"985工程"的实施,我国拉开了研究型大学建设序幕,建设"教学与科研并重"、能将知识生产、知识应用与知识传播有机结合的研究型大学成为我国许多高校特别是重点大学的共同梦想。与此同时,科技与经济结合战略和科教兴国战略的深入实施亦要求高校为社会输送合格人才的同时向社会提供各类科技服务,这些都为高校社会服务职能的拓展提供了广阔的空间。

经过多年的发展，以"211工程"和"985工程"为载体，我国初步完成了研究型大学框架体系的布局，截至2011年3月，我国拥有"211工程"大学112所，"985工程"大学39所。在研究型大学的建设热潮中，我国高校不断强化人才培养、科学研究和社会服务三大职能，创新人才快速成长，科技创新层出不穷，社会服务能力空前拓展，竞争力持续提高，国际声誉也不断得以提升，为社会经济发展做出了重要的贡献，已成为创新型国家建设中不可或缺的重要力量。

二、不同类型高校在国家创新体系中的职能定位

在实践中，尽管大多数高校都有人才培养、科学研究和社会服务的职能，但受制于办学理念、办学传统、办学条件、社会需求和内部多元化利益诉求等因素的影响，不同类型的高校在国家创新体系中的职能重点有所不同。鉴于不同类型高校在国家创新体系中所处的地位与所发挥的作用差异较大，有必要深入分析特定类型高校在国家创新体系中的职能定位。

（一）研究型大学在国家创新体系中的职能定位

根据办学条件、研究水平和服务层次的不同，我国高校可分为研究型大学和教学型大学[1]。虽然研究型大学和教学型大学都肩负着人才培养、科学研究和社会服务三大职能，但每项职能都较教学型大学有大幅提升：从职能定位来看，与教学型大学以人才培养为中心的单中心职能不同，研究型大学是"人才培养和科学研究并重、兼顾社会服务"的双中心职能大学，其根本特征是突出高层次人才培养和高水平科学研究；从办学实力来看，与教学型大学教学能力强于科研能力相比，研究型大学的教学条件和科研条

件都比较优越，教学能力和科研能力都比较强；从人才培养来看，与教学型大学比较注重本科教育不同，研究型大学较为重视研究生的培养，既是高层次人才的培养基地，又是创新拔尖人才的聚集地；从科学研究来看，与教学型大学重应用、轻基础的科研特点相比，研究型大学是国家知识创新和技术创新的中心，是科学技术的重要发源地，在基础研究方面具有较强实力，是能够产生重大原创性研究成果，具有赶超世界先进学术水平的大学；从社会服务来看，与教学型大学相对狭窄的服务领域和服务区域相比，研究型大学是国家和地区经济发展的加速器，是政府决策咨询的思想库，通过其培养的众多精英人才和创造的重大科研成果在社会发展、经济建设、科教进步、文化繁荣、国家安全中发挥着非常重要的作用[2]；从发展趋势来看，研究型大学被视为我国高校建设创新型国家的核心力量，被视为提升我国自主创新能力与国际竞争力的重要战略资源。因此，加快建设世界水平、中国特色的研究型大学，既是我国加速科技创新、建设创新型国家的迫切需要，也是我国优秀高校顺应科教结合趋势、谋求长期持续发展的主流选择。

（二）重点建设大学在国家创新体系中的职能定位

根据办学水平差异与政府扶持力度的不同，我国高校可分为重点建设大学与非重点建设大学。从办学实力来看，相对于非重点建设大学，以"985工程"大学、"211工程"大学为代表的重点建设大学的教学科研条件较为优越，教学能力与科研能力都比较突出；从职能定位来看，与非重点建设大学以人才培养为中心的单中心职能大学相比，重点建设大学多是"人才培养和科学研究并重、兼顾社会服务"的双中心职能大学，"985工程"大学更将办学方向定位于高层次人才

培养和高水平科学研究；从人才培养来看，与非重点建设大学偏重于大众教育相比，重点建设大学不仅精英教育与大众教育并存，而且更侧重于精英人才的培养，部分"985工程"大学在读研究生人数已超过在读本科生人数；从科学研究来看，与非重点建设大学侧重应用的研究体系和相对薄弱的研究能力相比，重点建设大学的科研活动多覆盖基础研究、应用研究与试验发展等整个研发链条，有的在基础研究领域实力出众，有的在应用研究方面成绩突出，特别是"985工程"大学更是我国基础研究和高技术原始创新的主力，在科技创新方面发挥着核心作用；从社会服务来看，与非重点建设大学主要向本地企业、政府和公众提供社会服务相比，重点建设大学不仅向本地企业、政府和公众提供多层次创新服务，部分高水平大学还跨区域跨行业提供多领域多层次的创新服务；从发展趋势来看，随着"211工程"和"985工程"的实施，重点建设大学在政府倾斜性政策的扶持下得到了很大的发展。一批"985工程"重点建设大学已发展成规模适当、学科综合和人才汇聚的高水平研究型大学，成为我国人才培养、科学研究和高技术产业开发三位一体的基地。[3]与此同时，为了"入主流，上层次"，不仅"985工程"大学和"211工程"大学积极投身研究型大学建设热潮，而且部分实力较强的非重点建设大学亦希望升级为重点建设大学，故将长期发展目标定位于教学型大学向研究型大学转变。这些处于转型期的高校与重点建设大学一起积极参与科研活动，服务社会需要，成为建设创新型国家的强大生力军。

(三)行业特色大学在国家创新体系中的职能定位

与清华大学、北京大学等传统综合性、研究型大学相比，行业特色大学特别是高水平行业特色大学在相关行业具有传统优势，在专业设置、课程体系、实验条件、培养模式等方面有着较强的行业特征[4]；从职能定位来看，与传统综合性、研究型大学一样，高水平行业特色大学多是"人才培养与科学研究并重、兼顾社会服务"的双中心职能大学，只是更强调立足相关行业，更注重相关行业的人才培养、科学研究和社会服务，在教学科研方面素有突出实践、强调应用、注重服务的传统；从办学特点来看，与传统综合性、研究型大学注重多学科多领域发展不同，高水平行业特色大学在向多学科、多领域拓展的同时，特别重视巩固学校在相关行业的固有优势，比较注重相关行业的教学、科研和社会服务工作；从人才培养来看，与传统综合性、研究型大学注重培养多领域精英人才相比，高水平行业特色大学更重视相关行业精英人才与应用人才的培养，学生的动手能力和职业素养一般都比较强；从科学研究来看，与传统综合性、研究型大学开展多领域研究，注重基础研究和高技术原始创新相比，高水平行业特色大学拥有一批针对性和应用性都很强的高水平学科平台和人才队伍，能够及时跟踪和解决行业发展中的重大关键战略和技术问题，在面向相关行业需求的科学研究方面具有很大的优势，是行业共性、前沿性、公益性技术的主要研究机构；从社会服务来看，与传统综合性、研究型大学提供多领域社会服务相比，行业特色大学多秉承"以服务为宗旨，以贡献求发展"的宗旨，注重面向相关行业的科技服务，与相关行业发展有很强的联动性，特别有利于形成牢固的产学研联盟，为社会做出直接的贡献[5][6]；从发展趋势来看，行业特色大学是我国高等教育办学体制的一个重要特色，是培养行业高层次创新人才与实践应用人才的主要基地，从事行业共性、前沿性、公益性技术研究的重要力量，在国家创新体系中有着重要的影响。与此同时，由于行业特色大学已与相关行业行政主管部门脱钩，因此其发展亦面临着传统综合性、研究性大学的全方位挑战,需要在突出特色的基础上全面提升创新能力才能在相关行业的创新竞争中保持一定的优势。

三、存在的问题

我国高校资源条件丰富,优势特点突出,在人才培养、科学研究和社会服务等方面取得了诸多的成绩,以 2010 年为例,高校不仅培养了全国 96.4％的研究生,而且还以全国 8.5％的 R&D 经费投入,获得了较多的 R&D 产出:不仅 SCI 收录的国际科技论文数占到全国的八成左右,而且在国家三大奖、国家自然科学基金、"973 计划"、"863计划"占据了一半以上的份额,展现了高校在高水平科学研究中的雄厚实力,也反映出其在开放性、竞争性科技项目中的强大竞争力。在取得长足发展的同时,我国高校仍然存在着一些阻碍自身加速发展、影响创新优势发挥的问题,目前主要集中在以下几方面:

职能定位趋同造成科教资源浪费。近年来,我国高校间的资源竞争日趋激烈,各类大学排名和评价体系不断涌现。这些大学排名和评价体系普遍以规模和总量论英雄,强调综合性排名,迫使很多高校拼规模,争升格,将"综合化、研究化、国际化"作为自己的办学方向[7],发展目标趋同化。部分院校还形成了重研究、轻教学的考评体系,在加剧高校院所化倾向的同时,使高校日常教学工作受到了影响。高等教育的同质化现象不仅使本就有限的科教资源得不到优化配置,而且也阻碍了我国高教系统的高效运转和协调发展,造成了科教资源的浪费。

考评体系制约创新潜力发挥。目前,我国高校科研考评体系普遍注重获得国家项目数、发表论文数、获得奖励级别等指标,存在着重纵向课题轻横向课题、重论文发表轻成果转化的倾向,在职称评聘时过分强调在

刊物上发表论文的篇数与等级,致使高校教师与研究人员在研究选题上注重学术发展,轻视市场需求,主动推进科技成果转化的积极性不高。可见,考评体系不完善、激励机制不健全是制约高校在技术创新体系中发挥创新潜力的根本因素。

多元利益取向致使创新资源相对分散。在市场经济条件下,高校内的不同组织与不同个人有着不同的利益诉求。在教师与研究人员利益取向各不相同的情况下,高校形成了数量众多的课题组,承担着来自各个领域、各个方向、各个层次的课题。这些课题组普遍采用老师带学生的科研模式,大多存在着规模偏小、相互合作较少、工程人员技术缺乏、集成创新能力不足等问题,致使高校创新资源相对分散,在独立承担国家重大战略性研究和重大工程任务方面存在着一定的局限性。

试验发展经费不足制约科技成果转化。目前我国科技成果转化率不高,其主要原因就是科技成果转化投入大、风险高,需要大量的试验发展经费的支撑。高校虽然是事业单位,但财政科技经费投入不足,特别是试验发展经费只占全国试验发展经费总支出的 1.4％,远远低于企业和科研院所。由于缺乏试验发展经费对成果转化的支持,增大了科技成果转化与产业化的难度,使高校很多知识资产未被有效"激活",许多有实用价值的科技成果停留在论文阶段或实验室阶段,科技成果转化率整体偏低。

四、政策建议

高校作为创新人才的培养基地,知识创新的策源地,科技创新的重要源泉,科技进步和人才培养的结合点,肩负着建设创新型国家的重要历史使命。为了进一步发挥高校创新潜能,提升高校科教结合能力,特提出以下政策建议:

加强宏观指导，推进分类办学，引导高校确立适合自身发展的职能定位。政府应加强宏观引导，对研究型大学和教学型大学进行分类指导。高校亦应厘清办学思路，依据自身条件，面向社会需求，找准办学定位，办出特色学科与特色专业，开展特色研究与特色服务，使高等教育能更好地满足经济社会发展的多元化需求，更好地促进创新型国家的建设。

改进考评机制，促进校企交流，提高高校创新服务能力。政府应引导高校积极改进考评机制，逐步建立针对不同类型科技活动的科研考评体系，尽可能将科研成果转化率、科研成果转化效益等指标纳入考评体系之中，鼓励高校教师与研究人员在科研选题上向市场靠拢，使高校教师与研究人员在帮助企业提升创新能力的同时，有效接近或实现个人职业发展目标。高校亦应切实推进校企交流，通过联合培养研究生、学术交流、科研合作等方式密切校企关系，切实提高高校创新服务能力。

加强资源整合，突出团队建设，提升高校解决重大关键科学问题的能力。高校应围绕国家和行业重大战略需求强化校级科研管理机构的组织协调能力，加大对重大关键科技问题研究的支持力度，分层次、有重点地组织重大关键科技问题研究，通过构建面向重大关键科技问题的研发平台和培育跨学科、跨领域的科研与教学相结合的团队，强化重大关键科技问题的集成攻关能力，提升高校在国家创新体系中的影响力。

增进交流协作，促进创新协同，推动科技资源的开放共享。高校可通过互聘导师、交换学生、联合培养等方式加强与科研院所的人才交流，还可通过联合设立科研基地、实验基地、工作平台等方式推进与科研院所的资源共享，亦应积极参与产业技术联合研发和国家重大科技工程建设，通过知识积累与经验交流，在帮助企业技术创新与产业技术发展的同时，提升自身解决重大科技问题的能力。

参考文献

[1] 钱厚斌.关于教学研究型大学建设的思考[J].继续教育研究,2011(12).

[2] 王战军,翟亚军.中国研究型大学评价指标体系的研究[J].清华大学教育研究,2008(5).

[3] 周济.创新是高水平大学建设的灵魂[J].中国高等教育,2006(Z1).

[4] 方华梁,李忠云.从行业特色高校到研究型大学的战略与路径[J].教育与职业,2010(14).

[5] 王亚杰.关于行业特色型大学建设的几点思考和建议[J].中国高教研究,2009(3).

[6] 曹国永.创建世界一流行业特色大学的若干思考[J].中国高等教育,2013(3/4).

[7] 陈厚丰.中国高校分类与定位问题研究[M].长沙:湖南大学出版社,2004.

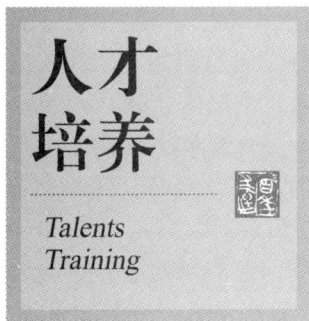

Cloud Manufacturing in the New Industrial Revolution & Discussions on the Cultivation of Cross-Disciplinary Engineering Talents

新工业革命中的云制造及其学科交叉型工程人才培养的探讨[①]

|王时龙|　|郭　亮|

一、新工业革命正在来临

关于未来经济模式的新书《第三次工业革命.新经济模式如何改变世界》（美国，杰里米·里夫金）[1]提出了"第三次工业革命"概念，并引起了全球政界、产业界及学术界的广泛热议。该书主要是从能源的角度描绘了未来工业模式，提出了构建"能源互联网"的设想，预言互联网技术与可再生能源的分布式供给的结合将产生巨大的经济效益和社会效益，并将从根本上重构人类的社会关系。关于"第三次工业革命"的理解，微

软公司全球资深副总裁、微软亚太研发集团主席张亚勤认为[2]："信息革命是新一轮工业革命中的骨架，支撑起整个能源的分配、生命科学的发展"。GE 中国副总裁许正认为[3]："第三次工业革命，是指信息技术与工业技术的高度融合"。中国人民大学的贾根良教授认为[4]，其主要是以信息和新能源技术创新引领并孕育的新一轮工业革命，包括"制造业数字化革命"、"能源互联网革命"、生物电子、新材料和纳米等技术革命。新工业革命将类似于前两次工业革命，将重新塑造人们的生产生活方式，将给人类社会带来比前两次工业革命更为广泛深远的影响。

作者简介： 王时龙，教授、博士生导师，重庆大学机械工程学院院长，国家杰出青年基金获得者，长江学者特聘教授。长期从事制造自动化、智能制造及数控技术的研发工作和机械工程专业的人才培养工作。

　　郭　亮，重庆大学博士生，从事制造自动化及云制造技术的研究工作。

事实上,自 2008 年金融危机后,世界各国都在积极需找新经济增长点,促使了一批广为熟知的新技术发展,比如:制造服务、移动互联网、云计算、物联网、大数据、3D 打印。当然,到底哪些技术最终会成为新工业革命的标志性产物还尚未定论,但是不可否认,上述众多技术正在改变着我们的生产、生活。

二、云制造——新工业革命的重要组成部分

具体到制造领域,近年来新一代信息技术的发展与产业化应用,已经融入我们的日常生活。而面向工业级的信息应用尚处在提效增值的范畴,支撑人类发展的三大要素依然以物质、能源、信息的次序排列。信息技术对工业领域的渗透正在改变整个工业运行形态,将实现工业领域的生产方式变革,进而形成信息驱动的工业社会。在如何向这条道路迈进的模式上,2010 年李伯虎、张霖、王时龙等率先提出了面向服务的新型网络化制造模式——云制造[5]。

云制造的提出受到了各界的广泛关注。工信部副部长苏波在 2013 年度国家新型工业化产业示范基地创建工作会议上指出,"云制造"是工业转型升级的重要方向。随着国内学者在国际期刊上发表云制造的相关研究,云制造吸引了欧盟、新西兰、美国等国家的研究兴趣。新西兰奥克兰大学的Xun Xu 团队设计了一个名为 Cloud-based manufacturing system (ICMS)的云制造原型系统[6]。美国佐治亚理工学院的Dazhong Wu 等[7]分析了云制造的策略、典型技术、商业应用情况并给出了研究建议,在 2012 年提出了一种类似于云制造的基于云计算的设计和制造模式(cloud-based design and manufacturing (CBDM))[8][9][10]。B. M. Li 等[11]针对单件生产(OKP)模式下产品设计过程中数据互操作和兼容性问题,引入云制造思想,提出了一个基于STEP 标准的产品数据/知识模型。美国康奈尔大学 Hod Lipson 在《Fabricated:The New World of 3D printing》[12]中指出:云制造是一种取代大规模生产的新的生产方式,是一个分散式和大规模批量式并行的生产模式,并分析了云制造与 3D 打印技术的结合,认为 3D 打印是云制造应用模式的催化剂。2013 年欧盟第七框架计划(FP7)启动了一个新的云制造项目"CAPP-4-SMEs",在该项目中正式使用"Cloud Manufacturing"(云制造)的提法[13]。

相比国外对云制造的研究,国内的高校、研究院、政府部门则开展了丰富的云制造理论研究和关键技术应用示范。比如:关于云制造内涵、特征的研究,包括概念、特点的剖析、体系结构等内涵分析;云制造核心技术的研究,包括制造资源感知、信息建模、人工智能等;云制造集成技术的研究,包括成组技术、物联网技术、数据挖掘等;云制造模式、应用的研究,包括面向集团面向中小企业、模具行业等的应用探索。表 1 是典型的研究方向内容以及主要研究机构情况。

表 1　云制造研究统计

研究方向	研究内容	主要研究机构
云制造 内涵、特征	概念、特点的剖析、体系结构等[14][15][16][17][18]	北京航空航天大学、哈尔滨工业大学、山东大学
云制造 核心技术	制造资源感知、信息建模、资源发现、资源优化方法：人工智能、web 语义、智能算法等[19][20][21][22][23][24][25][26]	重庆大学、北京航空航天大学、浙江大学、合肥工业大学、天津大学、广东工业大学、华南理工大学
云制造 集成技术	成组技术、物联网技术、数据挖掘、语音识别等[27][28][29]	浙江大学、中国科学院软件研究所、武汉理工大学、首都师范大学、华中科技大学、西安电子科技大学
云制造 模式、应用	面向集团、面向中小企业；模具行业、航天航空[30][31][32][33][34]	重庆大学、广东省机械研究所、哈尔滨工业大学、清华大学、北京理工大学、太原理工大学、华南理工大学

此外，在政府层面，2010 年，科技部国家高技术研究发展计划（863 计划）先进制造技术领域启动了"云制造服务平台关键技术"项目；2012 年，湖北襄阳与中国航天科工二院签署"云制造"应用推广协议，这也是国内首个地方政府"云制造"应用推广协议；2012 年，佛山市政府发起的信息化和工业化融合的战略举措——云制造；2013 年，曙光公司与中国航天科工二院举办签约仪式，双方决定围绕智慧城市、云制造等领域展开全面合作。2014 年，武汉市公布了"武汉市黄鹤白云计划示范项目（2014）"名单，e-works 中小企业云制造服务平台被列入武汉市"黄鹤白云计划"。2014 年，长春市启动了"智慧长春"计划，提出了以云制造为核心，推进两化深度融合的"两化融合"工程。

云制造是一个复杂的系统工程，涉及到机械、电子、计算机、软件、信息、控制、管理、系统等众多的学科知识。要想在云制造领域取得突破，关键需要培养学科交叉的高级应用型人才。因此，开展面向云制造的人才培养应该是当前的重要任务。

三、面向学科交叉的工程人才培养

面对新工业革命的来临以及制造领域的新变化，社会产品与服务越来越依靠跨学科知识体系，需要具备学科交叉知识结构的工程人才。大多数工程问题已经是跨专业、跨学科问题（比如涉及机械、电子、控制、计算机等）。但是，随着社会生活的发展，学科知识、技术等越来越细分，客观上需要更细分的教育模式。上述矛盾的存在对机械类人才的培养目标提出更高的要求，人才培养体系急需转型。

首先，需要重新定位培养目标。根据制造业发展模式，建立面向企业管理者、综合研发人员、技术工人等多层次的学科交叉的人才培养目标，适用面向云制造模式下的多层次人才要求。

其次，建立与信息社会相适应的教学模式。其中，大型开放式网络课程（Massive Open Online Courses，MOOC）是面向工程人才培养的教学模式之一。因为大量的工程知识，非主干专业可以通过在线学习，并设计相应的考核。教师与学生的关系应该从教与被教的关系转向为引导和被引导。高校教师通过引导学生，激发学习兴趣。借助在线课堂，学生自主完成相应课程，并在教师指导下参与实践活动，改变教学以灌输为主、学生创新能力不足的问题。

最后，课程体系方面，在原有的工程学

科基础上，应该注重加强以下几个方面的课程：

第一，普及计算机基础知识及软件工程。当今社会已经是成熟的信息社会，各学科在教学、科研当中不可避免要使用计算机，同时大量的问题、需求都需要借助软件来实现。现有的工程学科虽然有计算机及软件设计的课程，但是总体上还处在了解阶段，学生在学习相关课程后并未深刻体会到软件的内涵（大部分非计算机专业学生以为软件就是编程、写代码）。在教学上，可以设置一些与本专业相关的软件开发课题，进行相关课程设计，培养以实际工程项目为背景的专业软件开发能力。

第二，加强面向服务的课程教学。服务科学是近年来提出的新学科，2006年IBM的研究人员Chesbrough H和Spohrer J.在Communications of the ACM上发表了服务科学宣言一文[35]，标志着"服务"成为新的研究对象。伴随服务科学的提出，服务工程的概念也逐渐清晰。工程学科主要研究对象是物质，进一步说是工程材料。在面向未来的云制造学科建设中，在教学上可以更注重从服务的角度看待问题。服务存在于我们的生活生产当中，当前最为棘手的问题是尚未形成行之有效的解决服务建模的问题。

第三，注重培养学生具备系统工程的理念。系统工程是以研究复杂系统为对象的学科，对未来制造领域的重大全局问题研究，需要具备系统性思维与系统方法的人才，尤其云制造技术本身就是个复杂的多学科系统工程。具备系统工程知识结构的人才更能够从系统的角度认识问题、分析问题。加强面向系统工程的本科生教学课程建设意义重大。

四、结束语

习近平总书记2013年9月在中关村主持中共中央政治局第九次集体学习时指出："新一轮科技革命和产业变革正在孕育兴起，一些重要科学问题和关键核心技术已经呈现出革命性突破的先兆，带动了关键技术交叉融合、群体跃进，变革突破的能量正在不断积累。即将出现的新一轮科技革命和产业变革与我国加快转变经济发展方式形成历史性交汇，为我们实施创新驱动发展战略提供了难得的重大机遇。"

然而，要在新工业革命的重大机遇面前有所作为，关键是人才，关键是教育。因此，教育要面向第三次工业革命。以工程人才培养为例，教育要面向与学科发展最前沿方向相结合，积极探索与之适应的教学模式，才能够在新工业革命中掌握关键的资源要素——人才。

参考文献

[1] 杰里米·里夫金,张体伟,孙豫宁. 第三次工业革命　新经济模式如何改变世界[M]. 北京：中信出版社,2012.

[2] 张亚勤. 新一轮工业革命的灵魂是信息革命[Z]. 2012.

[3] 许正. 第三次工业革命的机会[J]. 商界(评论),2012(09).

[4] 贾根良. 专家谈第三次工业革命 中国须加快工业转型升级[Z]. 2013.

[5] 李伯虎,张霖,王时龙等. 云制造——面向服务的网络化制造新模式[J]. 计算机集成制造系统,2010,16(1)：1—7,16.

[6] Wang X V,Xu X W. An Interoperable Solution for Cloud Manufacturing[J]. ROBOTICS AND

COMPUTER-INTEGRATED MANUFACTURING，2013，29（4）：232-247.

[7] Wu D, Greer M J, Rosen D W, et al. Cloud Manufacturing：Strategic Vision and State-of-the-art[J]. Journal of Manufacturing Systems，2013.

[8] Wu D, Lane Thames J, Rosen D W, et al. Enhancing the Product Realization Process with Cloud-based Design and Manufacturing Systems[J]. Journal of Computing and Information Science in Engineering，2013，13（4）.

[9] Schaefer D, Lane Thames J, Wellman Jr. R D, et al. Distributed Collaborative Design and Manufacture in the Cloud-motivation，Infrastructure，and Education[J]. Computers in Education Journal，2012，22（4）：1-16.

[10] Wu D, Thames J L, Rosen D W, et al. Towards a Cloud-based Design and Manufacturing Paradigm：Looking Backward，Looking Forward［C］. Chicago，IL，United States：American Society of Mechanical Engineers，2012.

[11] Li B M, Xie S Q, Sang Z Q. Step-Based Data Sharing and Exchange in One-of-a-Kind Product Collaborative Design for Cloud Manufacturing[J]. Advances in Mechanical Engineering，2013.

[12] Lipson H, Kurman M. Fabricated：The New World of 3D Printing[M]. John Wiley & Sons，2013.

[13] 云制造. ［Z］. 2013.

[14] 李伯虎，张霖，任磊等. 再论云制造[J]. 计算机集成制造系统，2011，17(3)：449—457.

[15] 李伯虎，张霖，任磊等. 云制造典型特征、关键技术与应用[J]. 计算机集成制造系统，2012，18(7)：1345—1356.

[16] 张霖，罗永亮，范文慧等. 云制造及相关先进制造模式分析[J]. 计算机集成制造系统，2011，17(3)：458—468.

[17] 孟祥旭，刘士军，武蕾等. 云制造模式与支撑技术[J]. 山东大学学报（工学版），2011，41(5)：13—20.

[18] 陶飞，张霖，郭华等. 云制造特征及云服务组合关键问题研究[J]. 计算机集成制造系统，2011，17(3)：477—486.

[19] 贺东京，宋晓，王琪等. 基于云服务的复杂产品协同设计方法[J]. 计算机集成制造系统，2011，17(3)：533—539.

[20] 尹胜，尹超，刘飞等. 云制造环境下外协加工资源集成服务模式及语义描述[J]. 计算机集成制造系统，2011，17(3)：525—532.

[21] 任磊，张霖，张雅彬等. 云制造资源虚拟化研究[J]. 计算机集成制造系统，2011，17(3)：511—518.

[22] 高一聪，冯毅雄，谭建荣等. 面向多学科设计的多域递归制造服务资源组建方法[J].计算机集成制造系统，2012，18(7)：1406—1414.

[23] 郑浩，冯毅雄，谭建荣等. 一类制造资源的协同建模、优化与求解技术[J].计算机集成制造系统，2012(07)：1387—1395.

[24] 尹超，夏卿，黎振武. 基于OWL-S的云制造服务语义匹配方法[J]. 计算机集成制造系统，2012，18(7)：1494—1502.

[25] 王时龙，宋文艳，康玲等. 云制造环境下的制造资源优化配置研究[J]. 计算机集成制造系统，2012，18(7)：1396—1405.

[26] 康玲，陈桂松，王时龙等. 云制造环境下基于本体的加工资源发现[J]. 计算机集成制造系统，2013(09).

[27] 顾新建，陈芨熙，纪杨建等. 云制造中的成组技术[J]. 成组技术与生产现代化，2010，27(3)：1—4.

[28] 马翠霞，任磊，滕东兴等. 云制造环境下的普适人机交互技术[J]. 计算机集成制造系统，2011，17(3)：504—510.

［29］李瑞芳,刘泉,徐文君. 云制造装备资源感知与接入适配技术［J］. 计算机集成制造系统,2012,18 (7)：1547—1553.

［30］但昭学,徐邦勇,杨曼丽. 模具云制造信息平台系统的应用研究［J］. 机电工程技术,2011,40(9)：30—33.

［31］尹超,黄必清,刘飞等. 中小企业云制造服务平台共性关键技术体系［J］. 计算机集成制造系统, 2011,17(3)：495—503.

［32］战德臣,赵曦滨,王顺强等. 面向制造及管理的集团企业云制造服务平台［J］. 计算机集成制造系统, 2011,17(3)：487—494.

［33］王时龙,郭亮,康玲等. 云制造应用模式探讨及方案分析［J］. 计算机集成制造系统,2012,18(7)：1637—1643.

［34］Huang B，Li C，Yin C，et al. Cloud Manufacturing Service Platform for Small-and Medium-sized Enterprises［J］. The International Journal of Advanced Manufacturing Technology，2013：1—12.

［35］Chesbrough H，Spohrer J. A Research Manifesto for Services Science［J］. Communications of the ACM，2006，49(7)：35—40.

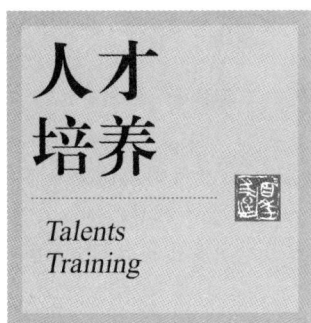

Experience on the International Collaborative: Cultivation of Talents from German Universities

国际人才合作培养：德国大学的经验[①]

|Helmut Dispert|　　|Christine Boudin|

【摘　要】 为了紧跟国际化潮流和技术进步，应对学生要求及产业界、政府需求的不断变化，高等教育机构不得不开发新的教育方法、专门技术（expertise）和基础设施。他们有责任培养英才，并支持其发展。对我们的大学而言，这可能是其主要的使命，但也是一项持久的挑战。

本文将概述欧洲尤其是德国为应对这一挑战而对教育系统进行的各种重要调整和改进，重点讨论德国大学体系经历的重大变化，继而介绍所谓的博洛尼亚进程（宣言）及鉴定与评估体系。这些结构性的调整为质量导向的高等教育体系的建立奠定了基础，以促进人才的发展和卓越。

近年来，德国高等教育体系因一项被高度认可的卓越计划（excellence initiative）而进一步改善。这个行动是在德国科学基金会和德国科学技术委员会的共同努力下确立的，总体上激发了德国高等教育部门，并开启了全新的人才培养和支持的重要渠道。

为了更好地呈现德国大学的人才培养经验，本文将介绍包括国际双硕士学位计划和国际合作网络在内的人才培养最佳实践案例。

【关键词】 国际化教育；德国大学体系；博洛尼亚进程；卓越计划

---

①本文是 Helmut Dispert 教授对其在"2013科技教育发展战略国际研讨会暨第八届科教发展战略论坛"的主题报告的修订整理稿。由何秋琳文字翻译。

作者简介：Helmut Dispert，德国基尔应用科技大学计算机科学与电子工程系教授。

　　　　　Christine Boudin，德国基尔应用科技大学国际办公室。

一、引　言

　　显然，不管是何种层次的教育机构都有着培养人的任务。咋一看，它可以被解释为传递信息，以期帮助我们增加知识，或者可能是创造某些被称为智慧的东西。

　　这种理解似乎比较直接，但是它只涉及教育的一个面。很长一段时间，教育工作者已经认识到仅仅转换信息是不够的，不可能实现知识的迁移。但是，我们也知道还有其他的方法能增加我们的知识，并能提升我们的非凡价值——我们的天赋，使我们在某些事情上能比他人做得更好，或能用未曾尝试过的方式做事。

　　我们将这种能力称为"才能"（talent）。看看其词源说明[1]，尤其是在希腊语（talanton）和拉丁语（talenta）中，"才能"意味着权和钱的集合，表明了这个词语的重要性。到中世纪，这个词语的涵义得到拓展，重点指我们特殊和独特的能力。

　　我们的大学有责任培养英才，并支持其发展。对我们的大学而言，这可能是其主要的使命，也是一项持久的挑战。

　　显然，我们的教育系统有着不同的人才培养方法。最明显的方法是，明确地给予有才能的个体以直接的支持，这通过实施专门的计划（通常是以竞争的方式）就可以实现。由德国学术交流中心（DAAD）和洪堡基金会（Alexander von Humboldt Foundation）两个著名的组织机构支持的计划就属于这一方式。另外一种稍微隐性一点的方法是，为人才的发展奠定基础，例如调整教育体系造就人才，以及改善研发环境为他们提供支持。

二、人才培养

　　在过去十年，为了提升高等教育质量，应对持续进行的全球化进程的挑战，全世界的教育系统都经历了一系列的根本性变革。接下来，将介绍德国的高等教育体系，重点说明造成体系完全重构的那些重要调整。

（一）德国大学发展：调整高等教育体系，培养人才

　　德国大学体系的建立可追溯到 14 世纪，那时建立了第一批大学。到了 19 世纪，引入了现今熟知的洪堡模式（1810 年由威廉·冯·洪堡创办柏林大学）。这一模式基于教学和研究的一体化，倡导艺术和科学自由。

　　我们现在所指的高等教育体系，形成于战后（和战后重新统一）的德国。反映在德国的联邦制度上就是，教育自此便在联邦立法机构和 16 个联邦州（即 Laender）的掌控之下。德国的基本法（德国宪法，第 5 条）[2]仍然遵循洪堡的理想，即"艺术和科学、研究和教学都应该自由"[3]。然而，目前的体系在某些细节上区别于洪堡模式，"大多数卓越研究行动由在传统大学体系外建立（但与其相连）的组织来完成"这一事实就可以证明这一点。

　　作为并行立法机构（德国基本法第 72 条）的一分子，联邦对"高等教育机构招生及其毕业生的需求"负有一定的责任。

　　在 20 世纪 60 年代末和 70 年代初，德国发起了许多有关教育体系改革的行动。德国主要的大学由国家管理和资助；存在的少数私立院校也必须遵守政府的规定，并且通常能得到政府某种程度的支持。《高等教育框架法案》（*Framework Act for Higher Education*）与德国基本法一致，最终在 1976 年获得通过[4]。这一构架提供了高等教育体系的总体指导方针，涉及教学和研究、高等教育招生及高等教育机构的组织和管理等方面内容。这一法案在 1998 年经过修正，最终促成学士和硕士学位课程进入德

国高等教育机构（见下文中的博洛尼亚进程）。

但是，联邦州（Laender）得到授权可以制定自己的章程，以区别于相关的联邦法。联邦州的《高等教育联邦法案》（*Hochschulgesetze*）在《高等教育构架法案》的基础上界定了高等教育机构的总体目标，以及支撑高等教育体系的总体原则。

联邦政府和州政府在高等教育领域的合作如图 1 所示。

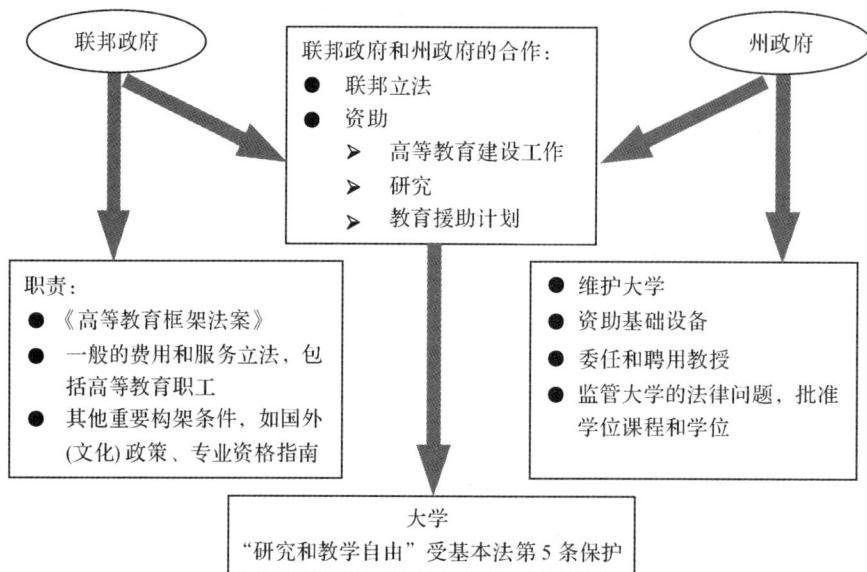

图 1　德国的高等教育

在 20 世纪 60 年代德国教育体系改革时期，最重要的举措是彻底改变了普通高校体系，创建了一种新型高等教育机构，即所谓的"高专"（Fachhochschulen）。第一批机构建立在传统的"工程学校"网络基础上。该过程始于 1969 年，实质上相信这样一种理念，即并非只有传统的研究型教育机构才能培养人才，应用科技型的教育机构也能培养人才。应用科技大学特别关注实际应用，紧密联系专业领域，能给予非常注重实用性研发的工商界以支持。德国经济的成功往往与这些机构有着直接联系。

现在，德国高等教育体系由以下类型机构组成：

➤ 大学（U）、技术大学（TU）

➤ 教师培训学院，艺术学院/音乐学院

➤ 应用科技大学（FH）（从 1969 年开始）

图 2 显示了德国高等教育现状。大学

的相关数据（截至 2013 年）表明，德国以应用为导向的教育得到快速发展，发现并培养了大批人才。

然而，图 2 并未显示各类机构的在校生总数。应用科技大学的在校生总数大约是研究型大学的两倍。从这个数据来看，局面开始扭转。传统型大学的规模更大，占德国高等教育学生总人数的 2/3。

德国联邦共和国的教育系统总体情况见《2011—2012 年德国联邦共和国的教育系统》[5]。

高等教育机构（约 410 所）

大学（研究型）和同类机构	艺术学院音乐学院教育学院神学院	应用科技大学
综合大学		应用型大学
104	74	232

图 2　德国的高等教育机构

28

2013 年,德国高等教育机构中的在校生人数超过 200 万。各类高等教育机构面向所有民族学生开放,并且许多学位计划部分或完全采取英文授课:德国提供了超过 1.35 万个学位计划;国际留学生超过 24 万,现今已成为继美国和英国之后最受留学生欢迎的国家。

表 1　大学和应用科技大学的区别

	大学	应用科技大学(UAS)
平均学生数	1.5 万	0.4 万
学科	所有学科	工程、工商管理、社会研究、设计
入学资格	普通高等教育入学资格(高中毕业证)(Abitur)	应用科技大学入学资格或高中毕业证(Abitur)
学制	学士:6～8 个学期 硕士:2～4 个学期 学士硕士连读:10 个学期	学士:6～8 个学期 硕士:2～4 个学期 学士硕士连读:10 个学期
学位	学士、硕士、国家考试(教师、律师)、文凭(老式的)	学士、硕士、文凭(老式的)
博士学位	提供	不提供(转学至大学)
研究	主要基础研究	应用研究

(二)从德国到博洛尼亚:通过流动培养人才

语录:

只有那些了解过去的人才有未来。
——威廉·冯·洪堡,1767—1835

"谁不了解过去,就无法理解现在,也无法塑造未来。"
——赫尔穆特·科尔,德国联邦议会上的讲话,1995 年 6 月 1 日。

"不了解过去的人,永远无法理解现在,更无法塑造未来。"
——约翰 G.迪芬贝克

我们认为国际化和流动性在当今是极为重要的。全球都引入了重要的计划以支持相关的活动,从而培养具有全球视野的人才,尤其是在欧洲地区。高等教育国际化是指"将国际化/跨文化观念整合到教育机构的教学、研究和服务等职能的过程"[6][7]。

但是,正如上述三条语录所强调的,有时审视历史对于正确看待我们当今的所作所为是很重要的。

欧洲的大学兴起于中世纪,它是学习的中心,学术思想和理念在这里汇聚。大学最早的基础可追溯到 12 至 15 世纪。

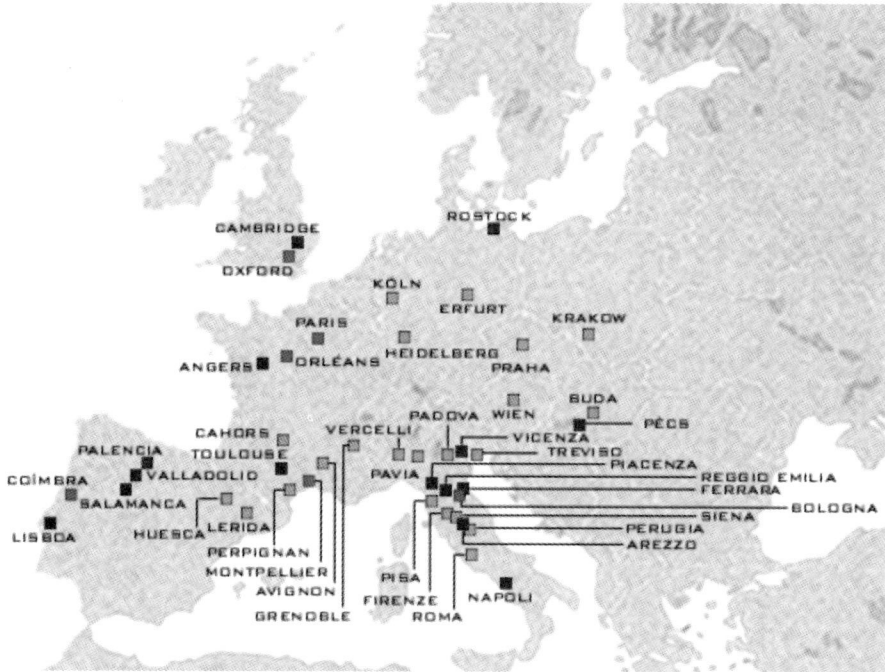

图 3　欧洲中世纪的大学[8]

与我们平常的认识不同,"中世纪的大学达到了真正的国际化……"对教师和学生而言,在其他国家的一所或多所大学学习是必不可少的。在中世纪,国外领地,连同他们就读过的大学和那些将要就读的大学,对学生和教师来说都属于本土。

对中世纪的教师而言,拥有一所大学的博士学位至关重要,因为这个学位让他们拥有权力,能在信奉基督教的任何一所大学任教(万国教师资格,jus ubiquedocendi),这意味着欧洲的任何一个地方。[9]

现在的国际化学位计划会面临通用语言这样的问题,但是中世纪的通用语言是拉丁语,能解决语言这一问题。

图 4　中世纪大学(左[10]、中[11]、右[12])

在现代的欧洲,其大学的重要任务之一是重建、增强和拓展,以及有效管理流动的权利。

这意味着要创建欧洲文凭,建立文凭的等效机制,鼓励师生间交换,以及使在国外大学学习的经历作为大学课程体系的一部分,成为 21 世纪欧洲大学不可或缺的要素。

在很早的时候,德国就已经意识到包括流动和交换等在内的国际活动的重要性,这些活动成为德国学术交流中心的基础。德国学术交流中心（DAAD）成立于 1925 年，是德国一个受公共（主要是德国联邦政府）资助的独立高等教育机构组织（是注册协会）。如今，它被认为是全球同类组织中最大的[13]。

博洛尼亚进程：

创建现代欧洲高等教育区（EAHE）的进程被称为"博洛尼亚进程"或《博洛尼亚宣言》，这与欧洲最古老的大学——博洛尼亚大学有关。1988 年博洛尼亚大学 900 周年校庆时，来自世界各地的大学校长签署了所谓的《欧洲大学宪章》，认识到独立自治的大学作为欧洲核心教育机构所发挥的主要作用。经过后续几个会议和宣言，博洛尼亚进程得以发起，其最终目标是要建立欧洲高等教育区。在铁幕（ironcurtain）落下和东欧兴起的政治背景下，对该进程进行评价是很重要的。

博洛尼亚进程起始于 1997 年的《里斯本公约》（也称为《欧洲地区高等教育资格认可公约》），当时欧洲理事会与联合国教科文组织联合为学位和学制在国际上得到认可奠定基础。

接下来于 1998 年 5 月 24—25 日在巴黎的索邦大学举行了首次会议，庆祝索邦大学诞辰 800 周年。博洛尼亚进程的目标包含在所谓的《索邦宣言》中，以下内容摘自 1998 年 5 月 24—25 日的《索邦宣言》（《关于和谐构建欧洲高等教育体系的联合声明》）[14]：

"签署该宣言的国家要承诺鼓励变化其高等教育系统架构，以促进相互之间的资格认可，同时继续坚持其各自国家特色的益处……"

宣言的主要目标包括：

➢ 促进学生在欧洲地区流动，以及学生融入欧洲劳动力市场；

➢ 使高等教育系统更具灵活性，尤其是通过鼓励教育机构之间的合作来实现这一目标；

➢ 促进继续教育，以及学时在欧洲地区的认可；

➢ 提高欧洲高等教育资格的可读性。

接下来每两年（或更频繁）举行至少一次会议（欧洲高等教育部长会议），例如 1999 年在博洛尼亚，2001 年在萨拉曼卡和布拉格，2003 年在柏林，2005 年在柏根，2007 年在伦敦，2009 年在鲁汶，2010 年在布达佩斯和维也纳，2012 年在布加勒斯特。

其中最重要的会议是在博洛尼亚和布拉格召开的，博洛尼亚会议的结果是签署了《博洛尼亚宣言》，布拉格会议宣布了"到 2010 年建成欧洲高等教育区"的发展目标。

最为重要的当然是博洛尼亚会议，此次会议对《索邦宣言》中目标的界定更加清晰，并决定建立至少每两年召开一次会议的机制。

《博洛尼亚宣言》界定了共同目的、截止期限及一系列目标[15][16]：

➢ 共同目的：创建欧洲高等教育区；

➢ 截止期限：到 2010 年建成此欧洲高等教育区；

➢ 六个目标：

1. 建立易于理解和比较的学位系统，增加文凭补充文件（Diploma Supplement），以改善欧洲公民的就业，以及提高欧洲高等教育体系的国际竞争力。

2. 建立一个实质上基于本科和研究生两个主要周期的体系。进入第二个周期学习必须成功完成第一轮学习，至少持续 3 年。完成第一轮学习所授予的学位也必须与欧洲劳动力市场相关，作为适当的资格水平。第二轮学习应该指向硕士和/或博士学位，和许多欧洲国家的情况一样。

3. 建立一个学分体系，如欧洲学分转换体系（ECTS），将其作为最大限度促进学生流动的合适方式。通过非高等教育环境（如终身学习)获得的学分也能够得到相关大学的认可。

4.克服各种限制自由移动有效训练的障碍以促进流动,尤其关注:

——学生获得的学习和培训机会,以及相关的服务;

——对教师、研究人员和管理人员在欧洲国家研究、教学和培训的认可和保持,不损害其法定的权利。

5.促进欧洲国家在质量保障方面的合作,以形成具有可比性的标准和方法。

6.改善欧洲高等教育维度(dimensions),尤其是在课程开发、跨校合作、流动机制,以及一体化的学习、培训和研究计划等方面。

有必要强调一下,博洛尼亚进程的目的不是创建一种标准化或统一的欧洲高等教育体系,而是促进各国多样化系统的融合。其最主要的目的是建成开放的欧洲高等教育区。

在签署《博洛尼亚宣言》和《布拉格宣言》之后,持续讨论的话题是我们如何应对新的教育挑战,尤其是工程和企业经济等领域面临的挑战。

今天面临的关键问题有[17][18]:

➢ 大学能否持续不断地培养具备目前所需相关技能的毕业生,以应对不断变化的产业需求?

➢ 我们是否继续发展新的成员?

➢ 或者我们是否应该努力尝试与其他教师、大学和产业界合作,以提供目标技能?

要解决这些问题可能会涉及国际合作伙伴。尽管博洛尼亚进程已经改善了欧洲高等教育区的活动机会,但是这种共识应该在全球适用。

以下三个最佳实践案例可能会展示如何达成这一目标:

a)信息技术科学硕士(M-IT)[19]:

这个国际化的硕士学位计划通过高水平的流动计划培养人才,包括澳大利亚、中国和挪威的学术机构。该计划以课程作业(coursework)和/或研发为导向,以跨国公司为主导,具有基于应用的扎实课程结构,支持产业界和商界合作,培养全球化(扁平)世界所需人才。

b)创新技术硕士(MInT)[20]:

该国际化硕士学位计划通过聚焦于产业增长领域的项目,提供高度创新的"逆向工程"课程结构(学生为主导)。其优势在于,学生能(部分)根据个人才能选择自己的计划内容,并因此选择自己最终的学位类型。

c)学习和项目一体化(ISPS)[21][22]:

这个为期一个学期的计划延续并拓展了极为成功的欧洲项目学期(the European Project Semester,EPS)[23],由欧洲国家拓展至全球市场。这个国际化的团队(人才)混合计划以一种独特的方式将国际化的学习阶段和基于项目的学习结合在一起,来自不同学科领域的学生必须合作以解决真实世界中的产业和/或商业项目。

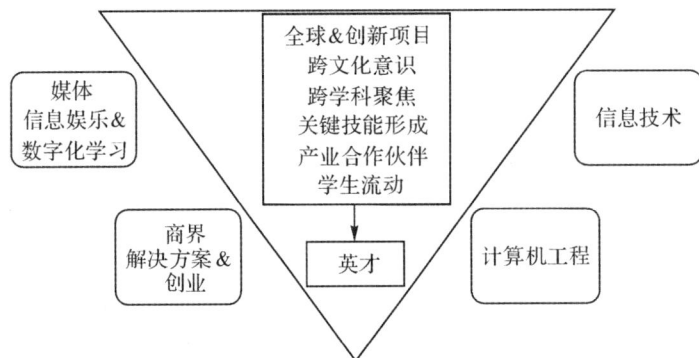

图4 高等教育技能和能力培养主题

32

正如图 4 所示,上述提及的教育活动的终极目标是提高学生的就业能力。

(三)欧洲和德国的鉴定与评估:通过优质教学培养人才

德国的质量保障在欧洲议会和理事会的建议之下结合了鉴定和评估。[24][25]

学位计划鉴定:

德国《高等教育框架法案》第 9 条指出,各州要共同确保学位、考试成绩、资格证书等的等价性,以及从一校转学至另一校的可能性。

州政府将此责任交付给德国鉴定系统的核心机构——鉴定委员会。[26]该委员会对增强分权型鉴定体系中的质量标准的可比性负有责任,在该体系中由鉴定机构进行实际的学位鉴定。鉴定是一个正式的、客观的同行评价过程,主要评价课程在学术内容、职业相关性方面是否符合必需标准。

系统如何运作[27]:

"因为德国鉴定系统以分权方式组织,其特征之一是,由学习计划鉴定基金会(Foundation for the Accreditation of Study Programmes)的鉴定委员会授权鉴定机构来实施学习计划的鉴定工作。鉴定委员会作为基金会的核心决策机构,界定了鉴定过程的基本要求,并坚持'任何一项鉴定工作的实施都基于可靠的、公开的、受国际认可的标准'这一原则。鉴定系统的法律依据是依据学习计划鉴定基金会在德国成立的法律,以及基金会和机构间达成的协议设置的,对鉴定系统中合作机构间的权利和义务进行了界定。作为协议的一部分内容,鉴定机构要致力于发布标准,替鉴定委员会决策,以及考虑德国文化部长会议目前具有法律效力的通用结构化指南。"[28]

德国的质量保障体系体现了国际趋势,被整合到一系列国际化网络中。跨边界的评估活动正在进行,并且那些有关鉴定的活动采取国际化网络形式(鉴定委员会、鉴定机构)。

大多数鉴定机构是国际质量保障网络组织的成员。这些网络组织包括国际高等教育质量保障机构网络(INQAAHE)、欧洲高等教育质量保障网络(ENQA)、联合品质行动网络(Joint Quality Initiative)及其他相关网络。

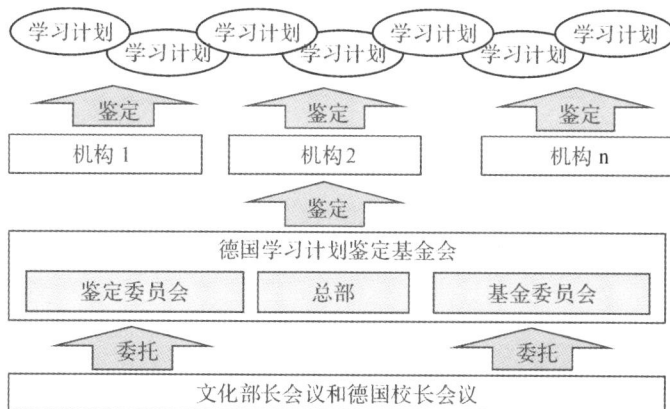

图 5　德国学习计划鉴定系统

(四)德国大学卓越计划:通过使院校卓越培养人才

德国创意之邦(Germany Land of Ideas):

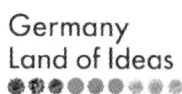

Germany Land of Ideas

一个具有国际竞争力的科学与研究蓝图是对一个国家未来生存能力的反映。这就是为何联邦政府和州政府在面临 2009 年的金融危机时,还决定增加对教育和研究的投入。

他们也支持继续执行《高等教育协议》（*Higher Education Pact*）、《研究与创新联合行动》及《卓越计划》。

《卓越计划》是经德国联邦政府和州政府决定而发起的，由德国科学基金会（DFG）和德国科学技术委员会（WR）负责实施。[29]

《卓越计划》产生的直接结果是，不仅激发了那些正接受资助的大学，而且也激发了德国整个高等教育领域。除促进卓越研究之外，《卓越计划》也有助于形成新的结构体系，如博士公开招生和管理协议程序，或者与传统教授职称并行的颇具吸引力的新人事结构。

《卓越计划》的目标：

> 巩固德国在科学方面的持续地位；
> 增强其国际竞争力；
> 更加明显地展现一流大学的研究。

《卓越计划》的资助：

> 来源：联邦政府和州政府；
> 数量：46 亿欧元；
> 期限：2006—2017 年间的两个阶段。

2012 年 6 月，44 所大学的 99 个卓越项目将获得直到 2017 年的资助，分布如下：

> 45 个研究生院培训高级研究人员；
> 43 个卓越研究群（Clusters of Excellence），大学通常与非大学性质的研究机构合作，进行知识驱动的基础研究；
> 11 个院校战略（Institutional Strategies），全体大学都通过此战略寻求在国际领域的一席之地。

（五）最佳实践案例：通过产学相连的国际化网络培养人才

欧盟 Praxis 网络：

Praxis 网络是在欧盟委员会的支持下发起的，运用了先前欧盟项目 MUTW 计划[30][31]的国际经验。由 40 多个成员组织（创办者和相关组织）发起，Praxis 联盟的主要目标在于为项目和实习计划（PI）的卓越创建一个欧洲市场空间和中心。这个市场空间允许 PI 配置使用面向参与机构和学生的虚拟平台。

Praxis 被视为欧盟卓越项目/实习的中心，是 66 个高等教育机构（2013 年）、研究实验室、专业和学术协会、商会和公司及所有致力于增强项目/实习经历的机构的联盟。

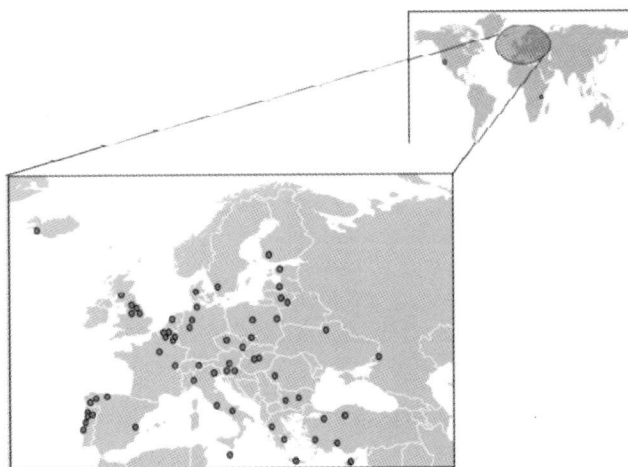

图 6　全球性 Praxis 网络（2013 年第四季度）

Praxis 基于这样一种信仰，即"终身学习"项目/实习课程单元尤其与工程学位相关。通过这样的课程，学生有机会在真实世界情境中实践自己的技术技能，以及体验主要影响就业能力的软技能。

项目/实习课程可以创设一种环境，作为专门为学生打造系列软技能的摇篮，如团队工作、交流、首创精神、聚焦等。项目/实习可能是提升学生这些技能的最为有效的方式。其他任何一种教学方式都很少能这样高效地传授并提升这些技能。[32]

Praxis 网络的基本理念是，在遵循博洛尼亚行动目标的前提下，使基于项目/实习的教与学真正地符合欧洲实际。该网络行动产生的直接结果是所谓的 Praxis 卓越中心和 Praxis 虚拟市场。

针对不同的目标群体，Praxis 具有不同的目标：

表 2　Praxis 目标[33]

目标群体	目标/收益
学生	可以获得并选择各种相关项目和实习，这些项目和实习与个体学习计划直接相关
教师	获得国际化的项目和实习活动与合作
教育机构	增加多方面的国际合作，改善欧洲教育
产业界	使学生学会产业界所需的改良技能，如技术知识和软技能（在国际化团队和跨学科团队中工作）
欧洲高等教育区	使欧洲高等教育区变得更加可视和有吸引力

Praxis 在为高等教育机构支持学生、改善欧洲市场机会等方面提供了一系列可能的方式，尤其是在以下几个方面[34]：

➤ 更好地进入其他高等教育机构、研究实验室、企业，缩小高等教育机构与企业的差距。

➤ 共享教育经历。

➤ 保持项目/实习教学范式的优势；

获取最佳实践案例信息。

➤ 将学术项目、研究项目和实习传播至大范围的科学学士、硕士和博士生受众。

➤ 为部分学生提供项目和实习。

➤ 在学生项目/实习期间为他们提供有价值的信息。

➤ 与欧洲就业市场联系更加密切，让学生获得更好的就业机会；让他们了解欧洲就业市场。

➤ 让学术机构接触全球市场，面向更大范围的学生，吸引外国学生，以及促进学生交换。

三、结　论

总结：

此次报告展现了过去数十年我们为支持学生、培养他们的能力，以及为他们进入全球化的社会做好准备，而在修正教育系统和引入专门的教育计划方面的举措。回顾历史发展，近年来所有与学术界相关的事物都得到发展，在我们第一所大学创立之时，诸多"现代化方法"就已经存在了，包括国际化、人才流动和能力提升。

结语[35][36]：

我们的学术机构的主要任务是提升能力和追求卓越。人才就是机会！而"才能"和"卓越"是该难题的两个重要部分：

才能作为动态发展的潜能，赋予我们自由和责任；而追求卓越是其最好的实现和展示（表现）方式。

能力提升和追求卓越二者相互依赖，相辅相成。前者在于努力培养人们能力，而后者旨在恰当地回应对天赋和才能的需求。

能力提升确保潜能从一开始就能识别，并因此能持续支持和开发。

另一方面，追求卓越是基于这一综合能力的提升，从大量的潜能中获取，并能促使有志于并能极大促进社会发展的有才能个体卓越发展。

本文引述几个观点作为结束[31]：

知识：21 世纪的挑战；

教育：未来几代人的最大资源和"财富"；

研究：创新的"温室"。

参考文献

［1］Merriam-Webster Online Dictionary，www. merriam-webster. com/dictionary.

［2］"Basic Law for the Federal Republic of Germany"，Federal Ministry of Justice and juris GmbH，Saarbruecken，Germany，2010 (first published 23 May 1949).

［3］［4］"Framework Act for Higher Education"，Federal Ministry of Education and Research，www. bmbf. de/pubRD/hrg_20050126_e. pdf.

［5］B. Lohmar，T. Eckhardt (Editors)，"The Education System in the Federal Republic of Germany 2011/2012，A Description of the Responsibilities，Structures and Developments in Education Policy for the Exchange of Information in Europe"，Secretariat of the Standing Conference of the Ministers of EducationCultural Affairs of the Laender in the Federal Republic of Germany (KMK)，Bonn，Germany，2013.

［6］ZhaQiang，"Internationalization of Higher Education：towards a Conceptual Framework"，Policy Futures in Education，Volume 1，Number 2，2003.

［7］J. Knight，"Internationalization：Management Strategies and Issues"，International Education Magazine，1993.

［8］［9］From the Paper Given at the Sorbonne by the Historian Jacques Le Goff，EHESS，on the 24th May 1998.

［10］A. B. Cobban，"English University Life in the Middle Ages"，The Ohio State University Press，Columbus，U. S. A，1999.

［11］I. Wei，"Intellectual Culture in Medieval Paris：Theologians and the University，c. 1100 - 1330"，Cambridge University Press，Cambridge，UK，2012.

［12］V. Masliychuk，"The Light of Education：How Education Became Secular，Universal and Accessible to the Public at Large"，The Ukrainian Week，http://ukrainianweek. com/History/75920，2014.

［13］DAAD：German Academic Exchange Service (Deutscher Akademischer Austauschdienst)，https://www. daad. org/.

［14］Sorbonne Declaration，"Joint Declaration on Harmonisation of the Architecture of the European higher Education System"，www. enhsa. net/Links/MainDocuments/Sorbonne. doc，1998.

［15］Confederation of EU Rectors' Conferences and the Association of European Universities (CRE)，"The Bologna Declaration on the European Space for Higher Education：an Explanation"，1999.

［16］"The Bologna Process-Towards the European Higher Education Area". http://ec. europa. eu/education/policies/educ/bologna/bologna_en. html.

［17］J. Luca，H. Dispert，"Bridging the Industry/Education Nexus：A Flexible and Efficient Approach to Providing Key Research and Development Skills in Industry Growth Areas". Paper presented at the Ed-Media 2006：World Conference on Educational Multimedia，Hypermedia & Telecommunications，Orlando，Florida，2006.

［18］J. Luca，H. Dispert，"Innovative，Collaborative Higher Degrees"，VI International Conference on

Engineering and Computer Education-ICECE'2009, Buenos Aires, Argentina, 2009.

[19] "International Master's Program Information Technology", Kiel University of Applied Sciences, Kiel, Germany, http://www.fh-kiel.de/master-it/.

[20] J.A. Morgan, J. Luca, G.B. Wright, H. Dispert, "MinT goes International: Innovation to Become Major Focus", VI International Conference on Engineering and Computer Education-ICECE'2009, Buenos Aires, 2009.

[21] Helmut Dispert, Christine Boudin, Joseph A. Morgan, Mark McMahon: "International Study Programs: The Role of Internships, R&D Projects and their Evaluation", WCEE 2013-World Congress on Engineering Education, Doha, Qatar, 2013.

[22] Helmut Dispert, Christine Boudin: "ISPS-International Study and Project Semester", 12th International Symposium on Ambient Intelligence and Embedded Systems, Berlin, Germany, 2013.

[23] "European Project Semester", Copenhagen University College of Engineering, Ballerup, Denmark, http://www.ihk.dk/international/exchange-students/eps.

[24] "Council Recommendation of 24 September 1998 on European Cooperation in Quality Assurance in Higher Education (98/561/EC)", Official Journal of the European Communities L 270/56, Brussels, http://eur-lex.europa.eu/LexUriServ/LexUriServ.do? uri=OJ:L:1998:270:0056:0059:EN:PDF.

[25] "Recommendation of the European Parliament and of the Council of 15 February 2006 on Further European Cooperation in Quality Assurance in Higher Education (2006/143/EC) L 64/60", Strasbourg, http://eur-lex.europa.eu/LexUriServ/LexUriServ.do? uri=OJ:L:2006:064:0060:0062:EN:PDF.

[26] Law establishing a "Foundation for the Accreditation of Study Courses in Germany" of 15 February 2005, Entered into force: 26 February 2005, Germany.

[27][28] The German Accreditation Council, http://www.akkreditierungsrat.de.

[29] Deutsche Forschungsgemeinschaft (DFG), http://www.dfg.de/en/.

[30][32] N. Escudeiro, P. Escudeiro, A. Barata, "Multinational Undergraduate Team Work: Collaborative Learning in International Teams", 20th EAEEIE Annual Conference, Valencia, Spain, 2009.

[31] "MUTW-Multinational Undergraduate Team Work", http://www.mutw.eu"PRAXIS, a European Networkaiming to Setup the European Center for Project/Internship Excellence", 2012, http://www.praxisnetwork.eu/.

[33][34] "PRAXIS Thematic Network", FH Joanneum, Graz, http://www.fh-joanneum.at, 2012.

[35] Austrian Research and Support Center for the Gifted and Talented-ÖZBF, 2013.

[36][37] W.M. Weilguny, C. Resch, E. Samhaber, B. Hartel: White Paper: Promoting Talent and Excellence, Austrian Research and Support Center for the Gifted and Talented-ÖZBF, 2013.

Experience on the International Collaborative: Cultivation of Talents from German Universities

Helmut Dispert, Christine Boudin

Abstract: To keep up with globalization and technological advances, and to cope with changing student requirements and shifting demands from industry and government, institutions of higher education have to develop new educational approaches, expertise, and infrastructures. They have the function to foster excellence and to develop and support talents. This might be the major mission of our universities, but it also has been a continuing challenge for them.

This publication will give an overview of different important adjustments and enhancements the educational systems in Europe and especially in Germany have gone through in order to meet this challenge. The main emphasis will be on the discussion of the deep alterations the German university system has gone through, followed by the so-called Bologna Process (Declaration), and the introduction of an accreditation and evaluation system. These structural adjustments have prepared the ground for the installation of a quality oriented system of higher education perfectly structured to promote talents and to foster excellence.

In recent years the German higher education system has been further enhanced through a highly recognized excellence initiative, established in a joint effort by the German Research Foundation and the German Council of Science and Technology. This initiative has inspired the German higher education sector as a whole and opened important new channels for talent fostering and support.

To complete the presentation, talent cultivating best practice examples will be given including an international dual master's program and an international collaboration network.

Key Words: International Education; German University System; Bologna Process; Excellence Initiative

大学
治理
University
Governance

Systematization of Scientific Research in Universities: The Relationship between Teaching and Scientific Research

高校科研体制化：教学与科研的关系①

|周光礼|　　|崔　鹤|　　|徐梦梦|

【摘　要】　中华人民共和国成立以后，为了服务于高度集中的计划体制，科教分离体制被建立。科学研究与高等教育分别由科学院和高校承担，教学成为了高校的唯一职能。改革开放后，科学研究开始进入高校，科研、教学两中心的观念被确立。随着"211工程"和"985工程"的实施，科学研究在中国高校实现了体制化。科研体制化的过程就是中国现代大学制度建立过程。

【关键词】　教学与科研；科研体制化；高校职能

新中国大学概念有三个来源，一个是民国时代培养广博知识和优雅气质的大学，一个是革命战争年代培养干部的军政大学，还有一个是从事专业教育的苏式大学。经过院系调整之后，民国时期的直指灵魂的"博

雅教育"被抛弃，干部教育和专业教育相结合的大学模式成为了中国大学的初始禀赋，教学成为了大学的唯一职能。改革开放后，英美教学与科研相结合的大学模式重新引起了中国社会的关注，特别是美国研究型大

① 本文是2013年度教育部哲学社会科学研究重大委托项目"中国特色高等教育思想体系研究"的研究成果，项目编号：13JZDW004。

作者简介：周光礼，教育学博士，中国人民大学教育学院教授，博士生导师，兼任中国教育改革与发展规划学会副会长、秘书长，主要从事高等教育政策与管理、院校变革与发展、教育改革与大学教师发展研究。

崔　鹤，中国人民大学教育学院硕士研究生，主要从事高等教育政策与管理研究。

徐梦梦，中国人民大学教育学院硕士研究生，主要从事高等教育政策与管理研究。

学及其学术教育给国人留下了深刻印象。随着"211工程"与"985工程"的先后启动，科学研究职能在中国大学得到了确立，高校科研逐步体制化，教学与科研的关系日益凸显。教学与科研的关系是现代大学中的一对基本矛盾。我们感兴趣的问题不是如何协调教学与科研的关系，而是从教学与科研关系的角度梳理中国高校科研是如何实现体制化的。实际上，高校科研体制化的过程就是现代大学制度的建立过程。

一、新中国成立十七年(1949—1966)：科教分离体制的建构

(一)院系调整：博雅教育的改造

为了改善生产生活资料极度匮乏、各行各业人才缺乏的问题，1952—1957年中国政府先后对高等院校进行了两次大规模的院系调整。1952年5月，中央教育部提出了全国高等学校院系调整方针："以培养工业建设人才和师资为重点，发展专门学院，整顿和加强综合性大学"，仿效苏联高等学校的类型分为综合大学(设文理两学科)及专门大学两种。专科学校视情况进行调整。明确主要发展工业学院，尤其是单科性专门学院。[1]相对于英美"通才教育"模式，苏联高等教育体制属于"专才教育"。"院系调整"后，中国综合性大学的数目大幅度减少，单科院校尤其是工科院校的数量大幅度上升。同时文科理科分家、理科工科分家，也造成了学科的孤立与分离，不利于学科间的相互促进与发展。

院系调整改变了大学教育游离于经济生活之外的弊病，改变了旧中国学用脱节的现象，是高等教育逐步改变成为国家建设服务的学用结合的"专业教育"，确保了第一个五年计划的实现。[2]然而，这次调整片面强调实用性，对中国高等教育的发展产生很大的负面影响。院系调整体现20世纪下半叶中国高等教育发展的基本模式：一是形成了"条块分割"的格局，专业的重复设置和细致划分导致人才培养与实际脱节；二是强化"专业教育"，变通才教育为专才教育，仅以国家建设为目标培养人才，并不从学生的实际出发去考虑，束缚了学者对新知识的创造；三是产生"重理轻文"的现象。

在对高等教育进行改造的同时，以科学研究为主要职能的中国科学院也正式成立。中国科学院的模式基本上按照苏联科学院的模式建立，即在科学院之下设立一大批研究所实体，甚至还设立了不少分院，整个庞大的科学院独立于教育系统而自成体系。[3]这也是以俄为师的结果，在高等教育系统外，设置一个独立的负责科研的机构，二者互不隶属，平行发展(图1)。经过历年的发展，逐渐形成了高校系统与科学院系统并置的格局。"科学院主要是研究基本的科学理论问题和解决对于国民经济具有重要意义的关键性的科学问题。……高等学校则视具体条件研究基础的科学理论或实际生产中的科学问题。"[4]高校科研职能在一定程度上被剥离，且科研系统和教育系统也没有较合适的协作渠道，影响了教学、科研与社会服务的合作与共同发展。

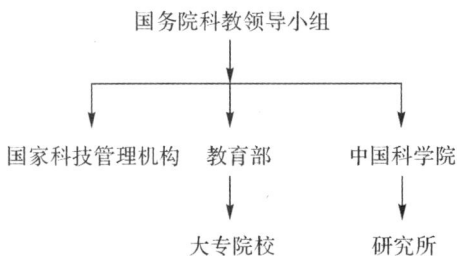

图1 中国教育系统与科研系统的关系

(二)"高教六十条"：教学、科研、生产三结合

1958年，在"鼓足干劲，力争上游，多快好省地建设社会主义"的总路线指引下，中

国高等教育领域掀起了全民办大学的高潮，这就是所谓的教育大革命。教育大革命导致了高等教育发展的混乱与无序，政府提出了"调整、充实、巩固、提高"八字方针。在这种背景下，1961年颁布了《教育部直属高等学校暂行工作条例（草案）》（"高教六十条"）。"高教六十条"是20世纪60年代初教育调整的突出成果，条例及时总结了经验与教训，使教育领域的混乱现象得到纠正，高等教育重新进入了遵循客观规律的良性发展时期。

教育大革命时期提出的教育与生产劳动相结合的方针，在"高教六十条"中得以继承和延续，"高教六十条"指出中国高校的基本任务是：贯彻执行教育为无产阶级的政治服务、教育与生产劳动相结合的方针，培养为社会主义建设所需要的各种专门人才。条例强调了高校的教学工作，将过去被生产劳动占用掉的大部分时间还给教学，对学生和教师参与劳动的时间加以了严格的规范。

"高教六十条"确立了科学研究在高校的重要地位。实际上，高校应在科学研究中发挥重要作用的提法早就被认识到，只是由于教育大革命的影响，并未受到足够的重视。1956年1月，中央召开关于知识分子问题的会议。周恩来曾经指出：高等学校中的科研力量占全国科学力量的绝大部分，必须在全国科学发展计划的指导之下，大力发展科学研究工作，大量培养合乎现代化水平的科学和技术的新生力量。[5]"高教六十条"明确提出，教学、科研和劳动在高等教育中不是彼此孤立的，应是有机结合的。"高教六十条"的第一章第2条指出"必须正确处理教学工作与生产劳动、科学研究、社会活动之间的关系。生产劳动、科学研究、社会活动的时间应该安排得当，以利教学"。并有第五章专门用来规范和指导科研活动。

"高教六十条"指出，科研要与社会发展、学校特色和教师专长相结合，要有严格

的审查制度，对优秀的成果要嘉奖。同时，科学研究工作更要务实，不搞竞赛和突击献礼。对科研的重视还体现在对研究生的培养上，研究生需要通过严格地选拔，和专业的指导训练，并"在导师指导下，学习专门课程，掌握某一专题范围内科学的最新成果，并且进行科学研究工作"。高校科学研究的发展，有利于提高教学水平、促进学术发展。科研与生产劳动相结合体现在校办工厂，或学校和工厂、农场的合作。这些工厂和农场需要为教学和科研服务，有利于知识成果向生产生活资料转化。

二、改革开放初期（1978—1992）：教学与科研两中心

"文化大革命"结束后百废待兴，恢复和整顿遭受重挫的高等教育事业，成为教育领域的重中之重。1978年《国务院关于明令废止和宣布自行失效的教育法规及法规性文件目录》的推出，废除了一些与当时的社会和教育发展不适应的法律法规，为进一步的改革发展铺平了道路。1979年1月，全国高等学校科学研究工作会议提出，高校是国家文化和科学水平的重要标志，担负着培养专门人才和发展科学技术的双重任务。1980年2月12日第五届全国人民代表大会常务委员会第十三次会议通过《中华人民共和国学位条例》，"条例"明确指出，中国学位分学士、硕士、博士三级，无论哪一层次的学位授予，均要求学生除了具备一定的基础知识和专业知识外，还需要参与和承担适当的研究工作或技术工作。这是对"高教六十条"所确认的高校科研职能的制度化。

（一）《中共中央关于教育体制改革的决定》：科研中心的确立

1985年5月，党中央、国务院发布了《中共中央关于教育体制改革的决定》。《决

定》特别强调，要"加强高等学校同生产、科研和社会其他各方面的联系，使高等学校具有主动适应经济和社会发展需要的积极性和能力"。时隔 24 年，高等学校的教学、科研和社会活动的协同发展，再次被提及并加以重视。《决定》不仅强调了高校的科研职能，更是赋予高校"有权接受委托或与外单位合作，进行科学研究和技术开发，建立教学、科研、生产联合体"的权利。为增强研究能力，《决定》对高等学校研究生培养制度改革也给予高度关注。高校科研体制化的另一个进展是人们开始对学科建设给予关注。"有计划地建设一批重点学科。重点学科比较集中的学校，将自然形成既是教育中心，又是科学研究中心。"此后，科研成为除教学外的另一个发展重心，有实力的高校更是科研的中心。

(二)教育产业化与校办产业

20 世纪 80 年代以来，随着商品经济的发展，高校与市场经济的关系开始引起较广泛的关注。教育产业应运而生，校办产业就是这时期的创新。校办产业实质上是高校科研活动的延伸。人们认为，科学研究不仅是一个考核指标，还是可以转化为生产力和办学经费的工具，更是促进技术进步和社会发展的有力推手。在校办产业的鼓舞下，兴起了一股高校创收活动，教育产业化第一次被认真讨论。当时学界的主流意见是教育产业化就是将教育办成产业，按照产业经济活动的一般规律来办教育。[6]教育产业化强调在教育中引入市场机制，这是对计划经济体制下高等教育管理的一种突破。然而，在实际操作中，产生了不少偏差，许多高校认为，教育产业化就是简单地把教育和市场相结合，各类收费、自费的教育形式开始出现，横向课题、校办产业等也繁荣昌盛，学校获得了丰厚的创收。

科学研究在教育产业化中扮演了一个重要的角色。重点高校的一批基础实验室纷纷转型成为校办企业，一些企业甚至发展至今，产生了一批著名的企业品牌，成为中国高校产业的支柱。这些高科技校办企业的出现，就是高校重视科学研究，并努力促进科研成果向生产力转化的重要展现，是高校科研职能的具体体现。据统计，1986 年全国普通高等学校校办工厂、农场及教学服务，科研活动收入及其他收入，全部纯收入已达 65338.09 万元。1987 年全国中等技术学校、中等师范学校校办工厂、农(林)场及教学、科研和其他社会服务，全年纯收入已达 8154.86 万元。[7]在这些收入中，有相当一部分用于教师待遇的改善，在一定程度上解决了当时教师待遇差的问题，并挽留下一批拥有一定经验和水平的教师。1987 年至 1988 年全国各高校在改革、开放、搞活的方针下，在进行各种形式的有偿社会服务活动中，又有了极大的发展。教育逐渐成为第三产业的重要组成部分。虽然，校办产业普遍存在产权不明晰，管理制度不健全，以创收为主要任务而忽视其他领域的科研等一系列问题。但是教育产业化的发展却也反过来促进了科研创新的加速，使得科研在高校中的重要地位得以巩固。

三、社会转型期(1992—2014)：社会需求多样化与大学职能的多元化

随着计划经济向市场经济的转型，社会对高校的需求日渐多元化。作为一个面向社会自主办学的法人实体，中国高校职能不断分化。时尚，对社会需求做出积极的回应是大学变革不竭的动力。今天的大学已经被定义为一个经济、政治、社会与文化的综合机构。人们对大学功能的期望从以人力资源开发为重点的学术组织转变为以发现、加工、传播和应用知识本身为重点的社会机构。除了教学、科研与社会服务的传统任务

以外,人们期望大学提供建设和保持社会实力,成为社会发展的发动机。面对这个充满挑战、机遇和变革的时代,世界各国的大学做出了积极的回应。现代大学应该更多关注社会需求,美国大学的成功秘诀在于对社会需求做出积极回应。正如阿什比所言,"美国对高等教育做出的最大贡献在于拆除了校园的围墙"。大学既要为社会提供教学、科研等传统服务,也要积极满足社会的新需求,如果我们不能积极满足这些新需求,其他机构肯定会承担这些新职责。

(一)科研与市场相结合:高校进入"创业"模式

在 20 世纪 90 年代以前,中国的主要科研力量仍集中在科学院系统,大学在科研舞台上实际上只是配角。但随着"211 工程"和"985 工程"的实施,高校科研迅速崛起,实现了高校科研体制化。1993 年,中共中央、国务院发布《中国教育改革和发展纲要》,提出"要集中中央和地方各方面的力量办好 100 所左右重点大学和一批重点学科、专业"。"211 工程"以提升科研能力和学科建设为核心。1998 年 5 月,江泽民在庆祝北京大学一百周年大会上指出,"为了实现现代化,我国要有若干所具有世界先进水平的一流大学"。"985 工程"以强化科研、提高学术水平、建设世界一流大学为核心。

1997 年,世界经济合作与发展组织(OECD)提出"以知识为基础的经济"的概念之后,"知识经济"就成为区别工业经济的新名词,进入中国最高决策当局的视野。在知识经济理念的指导下,中国高校的研究职能和服务职能得到充分彰显。人们认为,知识应与经济有机联系在一起,要突出知识的直接经济功能。高校不仅要创造科学技术知识和人文知识,还要将知识快速有效地转换为生产力。因此,在知识经济时代,高校职能必须发生相应变化。在这些观念的影

响下,高校的经济功能被重视,高校科研产生的新知识被视为经济发展的主要动力。为了充分发挥科学研究的经济功能,高校调整了科学研究的体制,加大对高校科研经费的投入,促进学科的交叉、融合。世纪之交,中国高校的办学经费主要来源于政府拨款、社会集资和学生学费,教育资金投入比例与国际水平差距很大,这就致使高校不得不创办企业以增加学校办学经费,改善办学条件。如工科大学办工厂和设计院,农业大学办农场,医科大学办医院,政法大学办律师事务所,等等。高校通过与市场的广泛联系,实现教学、科研、服务三结合,实现科技成果向现实生产力的转化。这些做法都是在知识经济的旗帜下进行的。随着高校科研的体制化,高校社会服务能力得到大大加强,直接促进高校职能的变革,即高校不仅从事教学和科研,还为促进经济和社会发展服务,进入"创业模式",学术界与产业界的边界变得模糊起来。[8] 高校向经济领域渗透与西方创业型大学模式不谋而合。创业型大学将教学、研究与经济发展结合在一个共同的框架里,反映了知识在国家与区域创新体系中的重要性。

在创业模式的引领下,"十一五"期间,中国计划新建 30 个左右国家大学科技园。到"十一五"末,国家大学科技园总量达到 80 个。新世纪以来,科研创新的重要战略地位深入人心,国家采取了一系列的战略措施激发教师和学生科研创新的积极性,使大学成为国家科技创新体系中的主体之一。实际上,高校科研水平的高低决定高校创新能力的高低,进而决定高校社会服务能力的高低。创新是一个经济学术语,根据熊彼特的理解,创新包括如下几个方面:发现新的资源,发明新的生产方法,创造新的产品,开辟新的市场以及探索新的生产和管理组织形式,创新服务模式。高校的创新能力取决于高校科研水平的高低。

(二)从服务社会到引领社会：文化传承与创新

2002年11月，党的十六大报告提出"形成全民学习、终身学习的学习型社会，促进人的全面发展"，学习型社会不仅仅是教育领域的乌托邦，也反映了信息化社会的基本特征以及随之而来的人的终身自觉学习的重要性。学习型社会使大学和社会的关系遭遇新一轮挑战，这种挑战集中表现在要求大学由被动服务社会向主动引领社会转变，由"参与"、"迎合"转向"指导"、"引导"，大学须走在社会的"前面"，引领人们超越时代和社会的局限，让大学成为社会发展的动力站和人们的精神家园。高校不仅应该维持现有政治、经济和社会秩序，对现实需要有求必应，单纯作为促进经济发展的工具，而且应站在社会发展与历史前进的思想制高点，引领大众的文明与进步。[9]

胡锦涛同志在清华大学百年校庆上提到"必须把提高质量始终贯穿到高等学校人才培养、科学研究、社会服务、文化传承创新的各项工作之中"，首次提出高校"文化传承创新"的职能，这是对中国高校职能认识的新丰富和新发展。高等教育是优秀文化传承的重要载体和思想文化创新的重要源泉，在构建和谐社会、全面建设小康社会的背景下，文化传承创新已成为大学发展的自觉选择。在中国高等教育进入大众化阶段，高校文化必须与时代特征和时代潮流相结合，提高文化传承的效率和水平，促进受教育者的文明化，从而培养健全的人、完善的人。文化传承创新还能够促进科学发展、引领社会文化的发展，也是中国建设高水平大学的内在要求。

四、结语：建设完全意义下的现代大学

人才培养是高校永恒的主题，教学、科研、服务都是人才培养的手段。离开了人才培养，教学、科研、服务不再是高校的职能。因此，判断某项职能是不是高校的职能，就看它是否与人才培养直接相关。高校科研与科学院科研既相同又有差异。最大的差异在于高校科研是与教学相融合的，它是由教授学生的教师们去做的，高校科研具有培养人才的功用。社会服务也必须与人才培养直接相关，否则不是高校应该做的。服务社会不只是教师的活动，教师要带学生去服务。

高校职能问题实际上是一个法学问题，是一个高校应该做什么的问题。作为一个资源依赖组织，高校生存所需的资源都是从环境中获取的，高校与社会构成一种依赖关系。依赖关系是互惠的，高校从社会获取资源，必须对社会承担相应的职责。为了满足社会的多元化需要，高校的职能必须多元化。中国由计划经济向市场经济转型，高校职能也由单一的教学职能演化出科研、经济、服务、文化等多元化职能，中国高校也由传统意义上的大学走向现代大学。

现代大学是完全意义上的大学。高校最核心的职能就是教学与科研，其他职能都是通过教学、科研获得的。以社会服务为例，高校社会服务能力的高低完全取决于教学和科研。若没有很好的和相当实力的科学和技术力量，社会服务的充分实现还是有困难的。因此，社会服务的意义与价值以教学、科研为基础才能得以彰显。即使学生也参与到社会服务之中，教学和科研实际上必然是其坚强的后盾。[10]求知和自由是人类的天性，安置求知与自由的大学是真正意义上的大学，承担教学和科学研究职能的大学是完全意义上的大学。完全意义上的大学不是一开始就出现的，它是由不完全走向完全。中世纪大学发展到1810年的洪堡大学，产生了"教学科研相结合"的大学理念，宣告完全意义下的大学诞生。中国从20世纪50年代的科教分离体制，发展到20世

80 年代教学科研两中心，到"211 工程"和"985 工程"确立高校科研体制化，中国完全意义下的大学也产生了。完全意义下的大学必须坚持科教融合的理念。

参考文献

[1] 李琦. 建国初期全国高等学校院系调整述评[J]. 党的文献,2002,06:71—77.

[2] 周光礼."以俄为师"与中国高等教育现代化[J].煤炭高等教育,2003,05.

[3] 夏海兰、杨华玲.我国科研体系存在的问题探析[J].云南教育,2002,30.

[4] "中央对科学院党组报告的批示",见王少丁、王忠俊编:《中国科学院史料汇编·1954 年》第 44 页,中国科学院院史文物资料征集委员会办公室,1996 年.

[5] 傅颐. 六十年代初《高教六十条》的制定、试行及历史经验[J]. 中共党史研究,2006,03:87—93.

[6] 方耀林."高等教育产业化"评析[J]. 高等教育研究,1990,04:29—33.

[7] 韩宗礼. 教育产业化产业教育化——试论社会主义商品经济下的教育趋向[J]. 教育与经济 1989,01:31—34.

[8] 彭宜新,邹珊刚. 从研究到创业——大学职能的演变[J]. 自然辩证法研究,2003,04:44—48.

[9] 刘理. 由服务社会向引领社会转变——学习型社会大学服务职能的新趋向[J]. 教育与现代化,2006,03:32—37,51.

[10] 张楚廷,高等教育哲学通论[M]. 高等教育出版社,2010:155.

Systematization of Scientific Research in Universities: The Relationship between Teaching and Scientific Research

Zhou Guangli, Cui He, Xu Mengmeng

Abstract: After the establishment of the People's Republic of China, teaching and scientific research belonged to two different systems in order to adapt the Planning System. Academy of Sciences took responsibility to do research work, while colleges and universities got the teaching responsibility. It was also the only function of colleges and universities. Since the Reform and Opening-up, the concept that teaching and research is the "dual core" of higher education has been established. With the "211 project" and "985 project", scientific research found its way into the stage of institutionalized operation. The systematization of scientific research in universities is also the process of establishment of Chinese modern university system.

Key Words: Teaching and Scientific Research; Systematization of Scientific Research; Functions of College and University

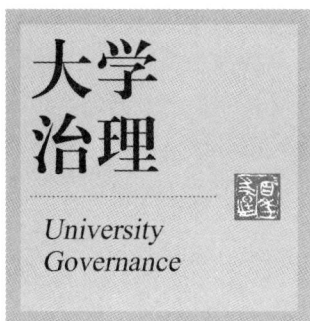

Inspiration from Stanford University's Construction of Center for Advanced Study in Behavioral Sciences

斯坦福行为科学高等研究中心的建设及启示[①]

|袁 清| |陈 婵| |鲁 平|

【摘 要】 本文通过对斯坦福行为科学高等研究中心的调研,详细阐述了该中心的发展历程、运作模式及其特点,分析了斯坦福模式高研院在中国面临的困难及挑战,希望我国高校办一所能净化我国学术环境、克服学术研究领域内存在的浮躁心理和急功近利思想的高研院,以真正推进我国科研事业的整体发展水平,对我国人文科学的学术生态起到引领和示范作用。

【关键词】 斯坦福;高研院;运作模式;学术环境;启示

纵观国内近几年风起云涌地成立的一个又一个的人文高等研究院(以下简称高研院),高研院究竟应该建成什么模式?如何真正办好一所国内知名的高研院?在参照国际国内高研院的建设标准及特点,尤其在调研了斯坦福行为科学高等研究中心(Center for Advanced Study in the Behavioral Sciences at Stanford University)(以下简称 CASBS)后,深感斯坦福的高研院办院模式才应是当前中国高研院真正要效仿和借鉴的。

一、斯坦福行为科学高等研究中心的发展、运作模式及保障服务

(一)CASBS 的发展

CASBS 成立于 1954 年,致力于用行为

作者简介:袁 清,女,浙江大学社会科学研究院副院长,副研究员。
　　　　　陈 婵,女,浙江大学社会科学研究院副部长,博士研究生。
　　　　　鲁 平,女,浙江大学社会科学研究院综合办公室主任。

科学来解决现实世界中的重要问题。这些重要问题范围很广,从那些能产生显著社会影响的问题到那些能改变整个研究领域的问题。CASBS 从成立开始到现在,强调跨学科研究,强调学科之间的交叉、融合和渗透,坚持不是静态而是动态地看问题。虽然研究的具体问题各不相同,但 CASBS 的信念却是一致的,即要求变(make a difference)[1]。

50 多年来,在 CASBS 的 2000 多名研究员中,有 22 位诺贝尔奖得主,10 名普利策奖得主,44 位麦克阿瑟奖获得者,有 128 位国家科学院现任院士,这些著名学者大多数是在他们事业的初期来到 CASBS 的[2]。CASBS 的运作模式得到世界上多所高研院的效仿,荷兰高等研究院、瑞典社会科学高等研究学院、柏林高等学术院、布达佩斯学院、美国国家人文中心等都明确承认它们在很大程度上采用了 CASBS 模式。

CASBS 自成立以来,其运作基金都由福特基金会专项资助,2008 年以前,基金会独立于斯坦福大学之外运作,2008 年以后归属于斯坦福大学,斯坦福每年投入 300 万美金,不足部分由其他基金补足。

CASBS 临山而建,风景优美,占地 11 英亩,离主校区较远,在 CASBS 可俯瞰斯坦福大学的主校区和整个旧金山湾区,既可享受美景又免除市井之喧扰,是为从事思考、分析和创造工作的绝佳之地。

CASBS 能很便利地使用斯坦福大学的全部研究资源(师资、教辅人员、图书馆、讨论班和授课等),并且还拥有与斯坦福大学的教授和研究者交流的机会。

(二)CASBS 的运作

1. CASBS 的项目组织

CASBS 由三个不同类型的项目组织组成。这些不同的项目所共同营造的环境不仅能激发学者的活力,更能支持他们对专项问题的研究工作。

(1)驻院研究员项目:无论是从事"拓展性的"(translational)还是"基础性的"(foundational)行为科学研究,众多睿智且富有活力的学者和科学家们是 CASBS 取得成功的关键。CASBS 既期待那些正在运用行为科学解决问题的学者,也期待那些能用手头的研究为拓展性的行为科学带来新前景的学者[3]。

(2)研究团队项目:CASBS 支持各种短期或长期的团队课题。这些项目可短至 1 周,也可长达 5 年,其成员既可以全职在 CASBS 工作,也可以只部分地参与 CASBS 工作。这些课题都有特定的针对性并试图运用行为科学来解决现实问题[4]。

(3)非科研项目:作为上述两类项目的补充,CASBS 还邀请商界、非营利组织、政府和基金会等领域的思想领袖加入 CASBS[5]。

在 CASBS 的三个项目中,驻院研究员项目是 CASBS 的最主要组成部分。在这个项目中,研究员的聘期为每年的 9 月到第二年的 5 月。研究员们用一年的时间对短期或长期的问题进行攻关,同时参加相关学术活动。

自 1954 年起 CASBS 给来自世界各地的已取得博士学位的学者及科学家提供驻院研究员项目。这些学者来自五个核心的社会和行为学科,即人类学、经济学、政治学、心理学和社会学,以及人文、教育、语言学和生物科学等[6]。

CASBS 每年资助 30 名来自世界各地已取得博士学位的学者及科学家进行驻院研究。成为 CASBS 的研究员需具备如下基本条件:他应该是一位成绩出色且富有创造力和影响力的思考者;他对跨学科研究有较强兴趣;他能保证在任期内全职在 CASBS 工作。CASBS 是一个合作性的研究机构,同时,CASBS 所认同的目标是让不同的学科能紧密联系起来,拓宽学者们在专业学科训练之外的眼界,期待驻院研究员能给研究注入新的活力,而研究员们之间的互动能给研究带来改变。当然,研究员不能同时兼任教学任务,同时,研究员需每周至少参加 4 次工作午餐,并参加 CASBS 举办的每周聚会和其他的演讲活动。

2.CASBS 的项目申请、录用及评估

CASBS 通过网上申请和严格的选拔程序来挑选优异的驻院研究员。CASBS 强调,虽然出色的研究能力和成绩是申请者必备的资格,但并非是申请成功的充分条件。CASBS 对具有"现实"关怀,而其研究工作能给重大问题提供解决方案的学者尤其重视。对一些在学术界容易被忽视的群体,比如青年学者、少数族裔学者、女性学者和在非研究性机构工作的学者等,CASBS 也有意识地吸纳他们作为驻院研究员[7]。在 CASBS 首批研究员中,就有 2/3 是青年学者,仅 1/3 为杰出的高级研究员。这些学者有的来自核心的社会和行为学科,即人类学、经济学、政治学、心理学和社会学,也有来自人文、教育、语言学和生物科学等。CASBS 的目标是力争使每一届的研究员们都是一个多元的群体,他们坚信一个多元的研究员群体对 CASBS 的发展是有利的。

申请者网上申请的材料包括个人履历、两份代表作及个人陈述。其中代表作应为最能代表申请者研究领域的成果,或即将在 CASBS 开展的研究的成果。也就是说,成果可以是已刊载的文章或是出版物中的某些章节,也可以是未发表的成果。个人陈述需要申请者说明提交的两份代表作的重要性,比如,如何纠正了本领域研究文献中的错误概念,如何发展了研究思路,或者如何填补了一项重要的知识空白等。除此之外,还需介绍在驻院研究任期内计划进行的研究工作,申请人应指出拟开展工作的原创性及其与当代社会问题可能的关联。研究的

项目如何能"推陈出新"? 同时申请人还需陈述将如何从 CASBS 的跨学科环境中受益。而对于一些处于起步阶段或者知名度不高的学者,申请人可以提交一到两封推荐信作为申请材料的一部分[8]。

CASBS 的录用程序是以在线申请系统为基础的,每一份达到基本要求的申请都将被送到 CASBS 之外评审,评审专家必须为申请人所在领域的专家。录用委员会由 CASBS 主任委员会的代表和 CASBS 以外的成员构成,CASBS 之外的成员则都是往届的研究员,他们代表了 CASBS 接受研究员申请的各个领域。研究员的最终是否录用还将综合考虑如下因素:系科之间的平衡;学术单位的多样性;学者个体的多元化等。CASBS 强调,无论处于研究生涯的任何阶段,CASBS 都欢迎具备资格的学者们申请研究员职位。

在研究员离开 CASBS 之前,CASBS 会要求大家对自己的研究员聘期作一个评价。研究员反馈的信息对于 CASBS 如何更好地安排项目和更有效地为研究员做好服务工作将会非常重要。随后,CASBS 还会继续联系曾在 CASBS 驻院的研究员,以追踪研究员聘期所研究的项目对他们之后的科研发展所起到的作用。

依照美国大学通行的学术惯例,研究员驻院研究时的成果,包括教学、学术和艺术方面的成果,无论以何种形式发表,在版权上都不归斯坦福大学所有,但会在显要位置鸣谢 CASBS 的支持。

3.CASBS 的学术活动

CASBS 举办各种学术活动来加强研究员之间的合作,并积极促成学界与企业界、政府以及慈善界之间的密切联系。

(1)演讲者系列(Speaker Series)

星期三驻院宣讲会:每周举行,旨在让驻院研究员们获悉其工作领域内的研究动

态,并寻找不同领域之间可能形成的互助[9]。

"灵感改变世界"系列宣讲会:"灵感改变世界"系列每一季度举办一次,宣讲会除了学者外,还有企业界、政府的杰出人物参加,目的是使企业界或政府的相关人士通过与专家的互动,来交流行为科学中最前沿的成果,同时帮助企业界的相关人士利用来自行为科学领域的专家反馈意见来深化自己的创意[10]。

(2)工作午餐

和 CASBS 的同仁共进午餐既是CASBS 一项悠久的传统,也是学者相互交流的重要渠道。CASBS 要求驻院的研究员能确保每周四次在中心与其他同仁一起共进午餐。同时,研究员还可以邀请同事和家人一起共进午餐。

(3)CASBS 年度行为科学峰会

2012 年举办了首届行为科学峰会,主题为"社会与科学之携手",在由格拉德维尔(Malcome Gladwell,为 *Blink*、*The Tipping Point* 和 *Outliers* 三书的作者)和品克尔(Steven Pinker,为 *Blank Slate* 和 *The Better Angels of Our Nature* 两书的作者)所作的主题演讲之外还有其他 18 位专家学者主持的充满互动的专场,所涉及领域包括行为经济学、应用神经科学、生物信息学、大型数据分析技术等[11]。

(4)聚会活动

CASBS 会安排一系列的聚会活动以方便研究员及其家人之间相互熟悉,这类活动在每学年开始的时候更为集中一些。研究员根据自己的兴趣选择出席,CASBS 期待每位研究员保持一定程度的出席频率。

(三)CASBS 的保障服务

据调研,CASBS 目前共有 18 名行政工作人员(包括 3 名厨师),负责 CASBS 的日常工作。每年 CASBS 的运作经费大约是 4

百万美元。

为了让研究员们能更安心地在 CASBS工作,CASBS 提供了各种全方位、高质量的服务,包括:图书馆使用服务;网络及个人电脑的维护和技术支持;传真和邮递服务;行政支持(指导研究员来 CASBS 入职,提供咨询服务等);协调各项活动开展;提供 50间研究员工作空间,包括陪读家人;给研究员提供免费工作午餐,并安排其他活动或项目的餐饮;提供就近的租房信息等服务。

CASBS 提供的薪资将以该研究员在前一年中于原单位获得的工资收入为基准。CASBS 提供的薪资将不得超过该研究员在原单位工资收入(9 个月计)的一半,同时还需遵循 CASBS 主任委员会设立的薪资上限。研究员从原单位获得的工资和在CASBS 领取的薪资总额不得超过其在原单位当年的全部工资所得[12]。

安置费用是给在 CASBS 附近的大学之外执教的研究员支付往来 CASBS 的差旅费用和邮寄费用的。CASBS 会在 9 月底一次性付给研究员而无需报销。

CASBS 提供给所有的研究员 600 美元的研究补助,这笔补助将汇在 CASBS 的研究服务开支账户中。该补助用于支持在CASBS 开展的研究活动,因此凡汇往该账户的资金不得挪作他用。

该账户可用于支付下列费用:邮资,传真,长途电话卡,复印,资料,软件,给斯坦福校园卡充值,用户通过该校园卡可以漫游斯坦福的无线网络。研究补助不得用于诸如支付图书馆罚款或是招待费等个人用途。

二、斯坦福模式高研院在中国面临的困难及挑战

纵观近年来国内主要高校成立的多所高研院,他们都各具特色,既有传统国学研究院,如北京大学高等人文研究院、北京师

范大学人文宗教高等研究院、华东师范大学思勉人文高等研究院、重庆大学人文社科高等研究院等，又有侧重跨文化、跨地域的人文社科研究院，如南京大学人文社会科学高等研究院、复旦大学社会科学高等研究院等。但这些高研院的办学模式与美国斯坦福的CASBS并无相像之处，究竟应该办一所什么样的高研院，是趋同效仿目前国内各高校的高研院？还是立足高远，办一所真正坚持追求学术卓越，坚持学术自由，为开展具有长远社会意义的、基础性的"纯学术"研究提供一块乐土的高研院？如何借鉴CASBS的成功模式，同时又结合我国高校的实际情况，建立适合我国当前发展阶段的、科学的、可持续发展的高研院，就目前来说，确实还存在着许多困难：

首先，人才的制约。与CASBS动辄有许多诺贝尔奖获得者相比，目前，真正能为高研院所器重的高端人才在我国仍很稀缺，高研院挂牌子容易，但要建成一所高质量的高研院，高端人才尤为重要，如何使高研院对优秀人才具有足够的吸引力将是决定能否办成高研院的关键所在。比如，能否为研究员提供必要的薪酬、生活条件、图书资料和工作环境，足以让研究员能安心驻院研究？能否创造跨学科研究的条件，即提供可共同讨论、研究的自由、灵活的学术平台？

其次，资金的制约。如上文所述，CASBS有着充足的资金保障，成立初期，由福特基金提供资金保障，归属于斯坦福大学之后，CASBS每年均有来自校方稳定的资金来源和基金的支持。高研院作为一个非盈利性的科学研究实体，是一个耗资巨大的系统工程，除了具备一流的大师，宽松自由的环境之外，其发展需要有稳定且充足的资金保障，依托大学、政府为主要资金来源，很难满足高研院的良性运转，因此，设立一个长期且稳定的捐赠基金，将是办好一所高研院强有力的资金保障。

再次，体制的制约。如上文所述，CASBS不对其聘期内的驻院研究员进行任何考评，即使驻院研究时发表文章，其版权也不属于斯坦福大学所有，也就是说高研院在短期内将不会给大学带来即时的名誉，更不会为大学排行榜排位提升做出贡献。此外，即使资金有了保障，作为提供给高研院运作经费的基金捐赠者，一般不直接干预研究人员的研究内容，研究人员主要开展由个人兴趣驱动的自选课题，高研院的主要工作就是提供给研究员经费，对研究员只讲"给予"，不讲"索取"，这种给高研院充分自主和独立的运作模式在中国现有土壤里是否有较大的风险，国外的一些成功经验虽无法原封不动地照搬，但高校能否作为一个特区给予充分的独立性，在管理体制上还值得探索。

三、斯坦福模式高研院对我国高校建设高研院的启示

不容置疑，在当前全球经济、政治激烈竞争的环境下，建设高研院是必要的。它有利于提升我国的基础科学研究能力、提升国家的软实力，进而推动全人类科学发展。CASBS的发展及特点告诉我们，随着高研院在我国逐渐兴盛，我们衷心希望办一所能净化我国学术环境的高研院，以真正推进我国科研事业的整体发展水平，对我国人文科学的学术生态起到引领和示范作用。通过对斯坦福高研院的调研，笔者得到如下启示：

（一）创建人才储备新模式

当前，"985"高校都在千方百计加快世界一流大学的建设步伐，以一流人才打造一流大学成为各高校的共识，而加强海内外高层次人才的引进更是成为各校人才队伍建设的重要目标。建设一所高研院无疑能吸

引和聚集国内外的顶尖学术人才以及具有学术发展潜力的年轻学者。通过驻院研究，一方面为这些学者提供与国际接轨的科研环境，让他们能潜心做学问，开展高起点、高目标和高质量的学术研究；另一方面，充分利用这些学者的资源，开展多形式的活动，如论坛、演讲、午餐会等，同时，借助高层次人才的影响力和号召力吸引高校内优秀的中青年文科人才也驻院参与研究，建立学术梯队，当青年人才和相应新兴学科孵化完成后，再融入到学校原有的学科体系，整体提升学校文科的学科实力。而最为关键的是，这些学者在高研院访学的经历无疑已对学校科研环境及生活环境有了很好的体验，可作为学校高层次人才数据库的储备资源，在学校引进人才中可重点予以关注。

（二）创建跨学科研究新平台

CASBS强调跨学科研究，强调学科之间的交叉、融合和渗透，因此CASBS的学者们都对跨学科研究有着强烈的兴趣，CASBS所营造的环境能让不同的学科紧密联系起来，完全拓宽了学者们在专业学科训练之外的眼界。高研院作为一种新的跨学科、开放性的实体性人文研究机构，应建立并探索学科融合的新生点和新型的学术研究机制，以建立跨学科研究来凝聚一批一流学者，为有需要开展跨学科研究的学者们提供一个平台，开展跨学科研究。

（三）打造学术特区新机制

高研院应成为学校的学术特区，应建立一套独特的运行机制，即一套和国际接轨的教师选聘、评价和流动体系。充分尊重学术，坚持评价重质不重量，坚持开放的人才流动机制，营造一个活泼宽松的学术环境和以学术为中心的工作环境；净化学术环境，给予研究人员高度的自由，既没有申请经费的要求，更没有发表文章的要求，以吸引一批顶尖学者加盟，在这里潜心学问，自由探索。最终使高研院成为观念、思想、学术、知识的孵化器。

（四）设立稳定充足的专项基金

高研院作为一个非盈利的科学研究机构，需要有稳定且充足的资金保障，仅仅依靠学校经费一定不是长久之计，因此运作经费将是建设高研院的重大瓶颈之一，为了把高研院建设成学校跨学科研究的大平台，应充分利用广泛的校友会和社会捐赠，积极向外募集高研院专项基金。

（五）推行人性化服务新模式

为保证海内外高层次人才在入驻高研院时能及时适应学校的环境，应推行入驻手续的规范化与人性化的改革，派专人负责协调校内各方面的事宜，明确责任部门，落实入驻学者的工作和生活配套，尽可能为学者提供全方位、高品质的服务，包括专家公寓、图书馆的使用服务、网络电脑的技术支持、就餐卡、通行卡、医疗就诊证等，为高层次人才提供全面的工作及生活保障。

参考文献

[1] The Center for Advanced Study in the Behavioral Sciences. Solving problems [EB/OL]. http://www.casbs.org/solving-problems，2013-5-10.

[2] 周克荣，樊秀娣，王昆. 国外高等研究院的基本模式[J]. 现代教育管理，2013，(5)：109.

[3][4][5]The Center for Advanced Study in the Behavioral Sciences. Program [EB/OL]. http://www.

casbs. org/programs，2013-5-10.

[6] The Center for Advanced Study in the Behavioral Sciences. Individual Residential Fellowship [EB/OL].
http://www. casbs. org/individual-residential-fellowship，2013-5-10.

[7] The Center for Advanced Study in the Behavioral Sciences. Individual Residential Fellowship [EB/OL].
http://www. casbs. org/new-fellows-individual-residential-fellowship，2013-5-10.

[8] The Center for Advanced Study in the Behavioral Sciences. Individual Residential Fellowship [EB/OL].
http://www. casbs. org/new-fellows-individual-residential-fellowship-instructions，2013-5-10.

[9] The Center for Advanced Study in the Behavioral Sciences. Informing the Public[EB/OL]. http://
www. casbs. org/informing-public，2013-5-10.

[10] The Center for Advanced Study in the Behavioral Sciences. Practitioner Program [EB/OL]. http://
www. casbs. org/practitioner-program，2013-5-10.

[11] The Center for Advanced Study in the Behavioral Sciences. Practitioner Program [EB/OL]. http://
www. casbs. org/informing-public，2013-5-10.

[12] The Center for Advanced Study in the Behavioral Sciences. Individual residential fellowship guidelines
[EB/OL]. http://www. casbs. org/new-fellows-individual-residential-fellowship-guidelines-and-
selection-process，2013-5-10.

Inspiration from Stanford University's Construction of
Center for Advanced Study in Behavioral Sciences

Yuan Qing, Chen Chan, Lu Ping

Abstract: After an investigation and survey of Center for Advanced Study in Behavioral Sciences at Stanford University (CASBS), the paper illustrates the development, operation mode and features of the CASBS and analyzes the difficulties and challenges faced by the Stanford-mode center for advanced study in China. It is hoped that a center for advanced study, which can purify China's academic environment, ease fickleness and the anxiety for quick success and instant benefits in researches will be set up in Chinese universities, so as to promote the overall development of China's science and research and play a model role in guiding a sound academic environment in China's humanities and social sciences.

Key Words: Stanford; Center for Advanced Study; Operation Mode; Academic Environment; Inspiration

学科
建设

Disciplinary
Construction

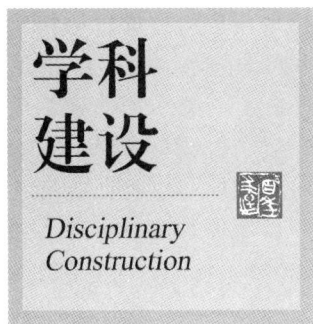

The Preliminary Explorations of Several Themes on Frontier Researches of Foreign University Development

国外大学发展研究前沿的若干主题探悉[①]

|吴 伟| |朱 凌| |姚 威|

【摘 要】 进入 21 世纪,国外大学发展研究的热点议题逐渐集中于现代大学如何在应对全球一系列重大挑战中实现大学理想、彰显时代精神。基于此,政产学研各界济济一堂,逐渐形成若干以研讨大学发展战略为旨趣的"圈子",包括各种会议论坛、出版物、研究项目和活动等,大学发展思想库或高端智库平台已见端倪。本文介绍的《高等教育动力学》论丛、格里昂论坛和密歇根新千年计划即是其中的重要代表。三个智库平台研讨的主题各异,但都从不同侧面体现着系统的政治、经济、社会、科技和生态的广阔视野,其观察与分析、预见与建议深刻而具体,极具前瞻性与建设性,可以给人启发和借鉴。

【关键词】《高等教育动力学》;格里昂论坛;密歇根新千年计划

20 世纪 90 年代中后期以来,大学发展面临若干新的机遇和挑战。大学要有效协调传统学术旨趣与当代社会需求,游走于市场力量与学术追求之间,不但要应对全球化、信息化、知识经济发展,也要回应人口结构变化、能源紧缺、环境恶化、财政危机等现实问题。欧美政产学研界较早地认识到了以上问题,在充分讨论的基础上提出了很多具有鲜明时代特点的政策建议,并努力使之反映到国家科技政策和高等教育政策中去。在各种思想相互激荡过程中,政产学研界形成了较为固定的智库平台,发挥了积极作

作者简介:吴 伟,男,浙江大学发展战略研究院副研究员。
朱 凌,女,浙江大学科教发展战略研究中心副教授,硕士生导师。
姚 威,男,浙江大学发展战略研究院副研究员,硕士生导师。

用。本文以《高等教育动力学》(*Higher Education Dynamics*)系列出版物、格里昂论坛和密歇根新千年计划关注的主题为代表,阐释高端思想库的主要工作及其镜鉴意义。

一、《高等教育动力学》论丛的主题

在科学和工程领域,动力学(Dynamics)主要研究物体运动变化与造成这种变化的各种因素,或者说是主要研究力对物体运动的影响,以及由于力的作用而产生的物理系统随时间演进而发生的改变。动力学是物理学和天文学的基础,更是许多工程学科的基础,特别是20世纪以来,动力学常被理解为侧重于工程技术应用方面的力学分支。从这点来看,《高等教育动力学》论丛体现着工程科学思维在高等教育领域的应用。它摆脱了对大学理念和精神书斋式研究的老套路,也不满足大学的起源与发展历程的简单罗列,而是把大学置于动力学范畴,考察它发生发展的前因后果和动力机制,尤其是关注当下它的若干真实的发展议题并研究应对之策。

《高等教育动力学》是国际著名科技图书出版者施普林格出版集团(Springer Group)出版发行的高等教育研究系列论丛,其内容涵盖五大洲高等教育的重大理论与现实问题分析,部分倾向于欧洲国别与区域高等教育研究。各辑编著者均为全球知名的科教研究专家,如 V. Lynn Meek、David Dill。由于论丛的主题关注特点,《高等教育动力学》在事实上形成了一个高等教育主题智库平台。《高等教育动力学》论丛旨在"研究所有相关层面上的高等教育的适应过程及其成果,以及影响适应过程的各个

层次间的互动路径",论丛研究的目的在于"通过与高等教育领域中的专业人士(如部长、政策制定者、政治家、院校领导人或管理者、高等教育研究人员、高校学术职员或学生)紧密相关的方式,应用普通的社会科学概念与理论来检验高等教育研究领域的理论",而不论"公立院校还是私立院校,抑或成熟的高等教育系统或是幼年期的高等教育系统"。[1]可见,"动力学"的主题提出的初衷是关注潜藏在高等教育变革背后的动力机制。

从2002年的《全球化世界中的高等教育》到最新的2013年《沙特阿拉伯高等教育》,《高等教育动力学》系列共出版40辑,从最开始的每年一辑到最多时候的每年六辑。从内容上看,研讨主题不断拓展,宏观、中观研究相对较多,微观研究较少,宏观问题如全球化、市场化与高等教育,欧洲高等教育一体化与转型,欠发达地区高等教育(如沙特、越南),成本分担与教育公平,中观问题如大学管理与组织治理,学术质量评估,高校财政危机,政府—大学权利平衡,微观如学科与毕业生发展、教师的学术职业发展等。从研究方法看,理论研究与经验研究兼备,经验研究中的案例分析占有重要地位,因此,通过这一思想平台,可以明晰全球高等教育领域的研究前沿和实践进展。需要注意的是,《高等教育动力学》论丛的"动力学"特征主要体现在对高等教育制度或院校治理相关主题的聚焦,包括大学制度(如内部治理结构、国家科技创新体制)、高等教育政策(如欧洲一体化、质量保障)、经济和科技发展(如市场力量渗入、科技创新环境变化)等等。粗略来看,涉及此主题的专辑达10期之多,占到1/4(见表1)。

表1 《高等教育动力学》系列论丛各辑书名(40辑)

序号	书名(年份)	序号	书名(年份)
1	全球化世界中的高等教育(2002)	21	日本和荷兰的竞争力、高等教育与职业(2007)
2	管理高等教育:院校治理的国家视角(2003)	22	无边界知识:理解挪威研究与高等教育的"新"国际化(2008)
3	高等教育管理革命(2003)	23	欧洲高等教育中的"非大学"机构(2008)
4	全球化、贸易自由化与北美大陆的高等教育(2003)	24	从治理到同一:玛丽·亨克尔纪念集(2009)
5	欧洲高等教育区(EHEA)的鉴定与评估(2004)	25	大学治理:西欧比较视角(2009)
6	高等教育中的市场:辞藻或现实?(2004)	26	欧洲整合与高等教育和研究的治理(2009)
7	教授职位:一个职业剖面(2005)	27	高等教育的变革动力:一项组织领域的拓展与收缩(2009)
8	高等教育中的改革与变化:政策实施分析(2005)	28	描绘高等教育远景:展望欧洲高等教育分类(2009)
9	管理知识:高等教育的连续性与变化研究(2005)	29	越南高等教育改革:挑战与优先项(2010)
10	高等教育转型:全球压力与地方现实(2006)	30	面向学术质量的公共政策:创新政策工具的分析(2010)
11	政府与研究:三十年演变(2006)	31	大学外高等教育机构的研究使命:渴求差异(2010)
12	创建欧洲高等教育区:外围的声音(EHEA)(2006)	32	德国公立研究部门的治理与绩效:学科差异(2010)
13	高等教育转型:比较研究(第2版)(2006)	33	高等教育中层管理的变化动态(2010)
14	高等教育成本分担与机会获得:一项更公平的交易?(2006)	34	牛津:学院式大学的冲突、共识与连续性(2011)
15	欧洲高等教育与毕业生就业:来自12个国家的毕业生调查结果(2006)	35	知识社会专业的灵活性:高等教育的新挑战(2011)
16	学科与博士学位(2007)	36	亚太高等教育:全球化下的战略性应对(2011)
17	大学毕业生的职业生涯:比较视角下的观点与体验(2007)	37	多维度排名:U-Multirank的设计与发展(2012)
18	资助公立大学:绩效基金案例(2007)	38	面向21世纪的克拉克·克尔的高等教育世界(2012)
19	大学动力学与欧洲整合(2007)	39	研究、高等教育与学术市场的转变(2012)
20	高等教育质量保障:规制、转化与转型的趋势(2007)	40	沙特阿拉伯的高等教育(2013)

由于各辑内容纷繁复杂,此处以 2012 年出版的 37 辑《多维度排名:U-Multirank 的设计与发展》(以下简称《多维度排名》)为例,简要介绍其研讨内容。

众所周知,大学排名是全球范围的高等教育研究重要议题,其有关实践也受到诸多关注与批评。大学排名受到批判的主要靶子是原有大学排名由于维度单一、整齐划一而在事实上对大学多样性发展产生了压制,因而,设计开发"描述性"而非"竞争性"、"多样性"而非"单一性"、"用户驱动"而非"排名者主导"的排名系统就成为大学排名实践的重要需求。U-Multirank 就是对这一需求的回应。《多维度排名》由欧盟高等教育知名专家、荷兰特温特大学教授佛朗斯(Frans A. van Vught)与德国高等教育中心(CHE)主任弗朗克(Frank Ziegele)编著①,系统介绍了历时两年高等教育与研究全球排名项目 U-Multirank 的设计、开发与检测过程,而项目最终报告《全球大学多维度排名的可行性研究》(U-Multirank:Designing and Testing the Feasibility of a Multi-dimensional Global University Ranking)提交给了欧盟委员会(European Commission)。《多维度排名》主要分为两大部分。第一部分主要讨论与分析了许多当前大学排名的实践与方法,特别是当前排名对透明性、质量与责任性的忽视,分类与排名间的关系以及大学排名对各利益相关者特别是院校本身所产生的影响,进而显示出了开发高等教育与研究中新排名方法的必要性。第二部分介绍了 U-Multirank 这种多维度、用户驱动(userdriven)的排名方法与工具,主要包括设计背景与初衷、排名维度与指标、数据收集、排名工具的试运行与结果等等。[2]从内容看,本专辑是一项实践项目的介绍讨论性内容,而非纯粹的理论研讨,这也体现了论丛的实践与研究充分结合的核心特征。

二、格里昂论坛的主题

格里昂论坛(Glion Colloquium)是"致力于研究型大学的未来及其责任的独立思想库(think tank)"[3],它汇聚欧美各国研究型大学领导人和企业界、政府机构代表,共同讨论全球高水平大学在信息化、全球化时代所面临的时代挑战与机会。并逐渐成为高等教育领域的"达沃斯论坛"[4]。格里昂论坛 1998 年创办,基本上隔年举行,每次会期一周左右,至今已经举行八次。1998 年首届会议受 Hewlett Foundation 资助,由加州大学 Werner Hirsch 教授与日内瓦大学 Luc Weber 教授邀请数位大学领导人就新千年伊始大学所面临的挑战进行小规模讨论。这次会议除了出版会议论文集外,还发表了主题宣言《格里昂宣言:新千年大学》(The Glion Declaration:the University at the Millennium),并提交 1998 年 11 月在巴黎召开的联合国教科文组织 21 世纪高等教育全球会议。在全球经济增长乏力的背景下,2009 年发布的第二份格里昂宣言重点指出:在人类社会面临问题日趋复杂的情况下,大学可以充分挖掘科技创新潜力,突破社会发展的各种资源掣肘,为人类福祉做出更大贡献。

格里昂论坛组委会先由日内瓦大学名誉校长 Luc E. Weber 与加州大学教授 Werner Z. Hirsch 担任联合主席(1998—2002),从 2003 年开始由密歇根大学荣休校长 James Duderstadt 替代 Hirsch 担任联合主席,组委会常任委员包括:加拿大麦吉尔大学校长 Heather Munroe-Blum、英国利物浦大学副教务长 Howard Newby、苏黎世

---

① 特温特大学与德国高等教育中心也是欧洲多维度大学排名开发的重要合作单位,Frans A. van Vught 与 Frank Ziegele 是专家组主要成员。

EPFZ 校董会名誉主席与副校长 Jacob Nuesch、谷歌公司欧洲产学主管 Michel Benard。每届会议的执行委员会（program committee）根据主题不同而确定，如 2011 年第八届会议执委会成员包括：共同主席 Duderstadt 与 Luc Weber，以及 Munroe-Blum、Howard Newby 与 MIT 名誉校长、美国工程院院长 Charles M. Vest。会议参与者包括：名牌大学的现任校长、有战略眼光的荣休校长、对高等教育问题感兴趣的著名学者、有影响力并关心大学发展的企业家等。格里昂会议规模一直保持稳定，从第一届会议的 20 人增加到第八届会议的 27 人，历届都在 20～30 人之间，至今共超过 200 位参与者。其中，50% 来自重要的研究型大学或大学组织，20% 来自商业界，20% 来自政府或非政府组织；包括 15% 的女性领导者；45% 来自欧洲，43% 来自美国、加拿大和拉丁美洲，12% 来自亚洲、大洋洲和中东地区。参会者包括 Martin TROW 这样的学术名家，Michael CROW（ASU）、张杰（上海交通大学）这样的研究型大学现任校长，还有国际大学组织的专家，最近几届会议的参会人员逐渐由欧美扩展到五大洲多个国家。

参会者大部分为受邀嘉宾，此外，还包括 11 位观察员嘉宾，来自大企业或政府组织（如雀巢、诺基亚、红十字会、NASA/ESA 等）。特别为人称道的是，格里昂论坛始终保持其高端前沿性质，规模相对稳定，以便能够进行深入讨论，与不少会议不断扩大规模的情况非常不同。

历届会议受到大型公司、基金会、政府机构和部分瑞士大学赞助，如惠普公司、雀巢公司、戴姆勒-克莱斯勒公司、杜邦公司、加拿大力拓铝业集团、惠普基金会、考夫曼基金会、瑞士联邦教育与研究秘书处、NSF、日内瓦大学、瑞士联邦理工学院、英格兰高等教育拨款委员会等等。即将召开的第九届会议将于 2013 年召开，由瑞士联邦教研秘书处（Swiss State Secretariat for Education and Research）、瑞士联邦理工学院（Swiss Federal Institute of Technology，ETH）理事会、苏黎世瑞士联邦理工学院（Swiss Federal Institute of Technology Zurich，ETHZ）和日内瓦大学（University of Geneva）联合举办。各届会议的重要成果主题及其成果目录如表 2。

表 2　历届格里昂会议主题及成果

序号	时间	地点	主题	出版物
1	1998 年 5 月	GLION，SWITZERLAND	高等教育面临的挑战	《格里昂宣言》(1999)，《高等教育的千禧年挑战》(1999)
2	2000 年 1 月	La Jolla，California	高等教育治理	《高等教育治理：非稳定状态下的大学》(2001)
3	2001 年 5—6 月	GLION，SWITZERLAND	学术铁幕正在滑落	《学术铁幕不断消退》(2002)
4	2003 年 6 月 22—24 日	GLION，SWITZERLAND	重构研究型大学	《重构研究型大学》(2004)
5	2005 年 6 月 18—22 日	GLION，SWITZERLAND	大学与商业界合作：福泽社会	《大学与商业界：知识社会的合作》(2006)
6	2007 年夏	GLION，SWITZERLAND	高等教育全球化	《高等教育全球化》(2008)

序号	时间	地点	主题	出版物
7	2009 年 6 月	GLION，SWITZERLAND	创新驱动型全球社会中的研究型大学角色	《大学与创新精神：格里昂宣言 II》(2009)，《面向创新的大学研究》(2010)
8	2011 年 5—6 月	不详	全球可持续性与大学的责任	《全球可持续性与大学的责任》(2012)
9	2013 年 7 月（预计）	待定	变化中的与受挑战的全球研究型大学未来角色	暂缺

来源：根据格里昂论坛官方网站资料整理。

从各年会议主题及会后成果看，格里昂论坛主要关注的是高等教育所处环境挑战和研究型大学自身发展问题这两大紧密相关的重大议题，会议及出版物的主题日渐广泛，体现了热点关注的旨趣。具体包括：新千年挑战(1998)、大学治理(2000)、改造大学(2001)、大学日渐涉入社会(2003)、产学关系(2005)、高等教育全球化(2007)、大学作为创新源的重要性(2009)、全球可持续增长中的大学责任(2011)等。每届会议都会举行各种论坛会议及餐会、短途旅行、访问等活动，会后发表宣言、论文集、专著或重大问题报告。2011 年 7 月的第八届会议议题是探讨全球研究型大学在应对全球可持续发展中可能扮演的角色，如环境、经济、气候、健康、贫困、地缘政治等。参加单位包括：瑞士洛桑联邦理工学院、斯特拉斯堡大学、日内瓦国际研究与开发研究生院、苏黎世联邦理工学院、慕尼黑大学、巴黎高等商学院、欧洲大学协会（EUA）、利物浦大学、日内瓦大学、维也纳大学、卡内基梅隆大学、加州大学戴维斯分校、密歇根大学、麦基尔大学、印度理工学院、新南威尔士大学、Tecnologico de Monterrey System、国家地球科学教师协会、谷歌公司、NSF、西瑞士大学、《经济学人》、OECD、世界银行。最终报告《全球可持续性与大学的责任》指出，特别需要认清全球可持续发展对高等教育带来

的变化，这不单要考虑当今研究型大学变革的重要依据，如社会多样性、资源管理、学术计划、研究与学术，而且要考虑如何开发新课程、学生体验、研究范式、社会参与和国际联盟，以便在培养全球合格公民的同时更好地应对全球可持续发展挑战。论坛最后转向了长期可能性讨论，这种可能性可能会给全球可持续发展带来更大的威胁，同时也探讨了大学可能如何应对这种可能性情况而培养毕业生。[5]

格里昂会议的相关活动成果已经被视为高等教育如何紧跟迅疾变革时代的指南性的重要学术智库资源。格里昂论坛非常注重论坛成果的扩散传播，巴黎《经济学人》和美国布鲁金斯学会提供成果出版服务，其成果已经扩散到全球高等教育、商业界、基金会与政府领袖受众，影响较为广泛而深远。韩国科学技术高级研究院（KAIST）院长 Nam-Pyo Suh(2009)就说，格里昂会议极富成果又能激发重大思考。来自企业界的谷歌公司工程副总裁 Stuart Feldman(2009)说，"通过其他人的眼睛看清世界，格里昂会议使人振奋且有趣，特别是会议参加者的广泛地域来源与各种思想的激励碰撞。其间，校长们的所思所虑，以及正在发生的，将要发生的，都可以明晰。作为大学的受众之一，它使我思考良多，且受益匪浅。"当然，格里昂论坛的关注对象或者说出发点主要

是针对研究型大学。

2003 年,第四届格里昂会议主题为"重构研究型大学"(Reinventing the Research University),并于 2004 年出版了 Luc E. Weber 与 James J. Duderstadt 主编的论文集《重构研究型大学》。"重构研究型大学"是密歇根大学荣休校长杜德施达特近年来在多个场合演讲的主题,重点阐述 21 世纪研究型大学面临的重大挑战与应对策略。2012 年 2 月 27—28 日,在美国莱斯大学(Rice University)举办的以"全球化时代研究型大学的未来"(The Future of the Research University in a Global Age)为主题的第八届德兰格会议(De Lange Conference)上,杜德施达特也曾以《重构研究型大学以服务变革中的世界》(Reinventing the Research University to Serve a Changing World)作为演讲主题,充分体现了其思想主旨,即以社会需求为背景、以满足社会需求为目的。此处以 2012 年杜德施达特最新相关主题演讲稿内容为例,简介其"重构研究型大学"思想。[6] 杜德施达特对研究型大学面临形势的判断可以归结为一个字"变"(Change),这种变化包括技术的、社会的、创新的、人类面临重大挑战的等等,进而,其对研究型大学的战略选择也体现在"变",这种变化也包括教学与学习、学术(scholarship)、参与(engagement)等各方面。杜德施达特认为,未来是不可知的,但我们应该做好充分准备,大学虽然可以以"可辨识的形象"(recognizable form)存在,但是如今变革已经无处不在;对大学而言,技术的变革就像是海啸,如不及早应对,必将被风浪击碎。杜德施达特认为,指数式增长的技术(赛博基础设施、开放式学习资源、社会网络)、教育公共性的退化(更被视为私有品)、大学排名(力争"一流"研究能力与质量)、学位获得机会的泛化是高等教育面临重大环境变化。这带来的是高等教育的重构,比如学习、学术与参与的范式的新变化,研究型大学自身的目标、使命与特征也将发生急速变化。知识经济、人口统计学(Demographics)、全球化、全球可持续性(Global Sustainability)是杜德施达特经常提及的美国公立研究型大学所面临的重大环境挑战,为此,他提出"全球大学"(The Global University)的概念,即在学生、教师与资源的全球竞争性市场中生存,并以超越院校、地区、国家需求而解决全球性问题为己任。

三、密歇根千年计划的主题

世纪之交,面对人类社会的重大变革与挑战,全球范围内出现了许多以探讨千禧年转变为主题的活动,密歇根大学的千年计划(The Millennium Project)即为其中之一。密歇根大学是公认的美国一流公立研究型大学的代表。密歇根新千年计划基于新的全球经济社会环境变化,特别是信息通讯技术的快速发展,如科技、创新、人口、资源环境、国际竞争力、可持续发展、全球化、知识经济,进而提出研究型大学发展的挑战、机遇与发展路径问题的持续项目。千年计划认为,人类社会面临的挑战与机遇多样而复杂,用知识武装的人才将会成为一种战略物资,他们的聪明才智是未来社会繁荣与人类福祉的关键。而教育就成为现代社会最为关键的基础保障,而如何在急速变革的时代进行高等教育的转型就成为大学研究的必然选题。

在运行方面,千年计划得到了联邦政府和私人基金会的支持,有可能发展成为全国性的高等教育研究中心。千年计划项目物理空间位置属于成立于 1996 年的"媒体联合体"(Media Union, MU),现在的"杜德施达特中心"(The James and Anne Duderstadt Center),其间还有艺术、建筑与工程图书馆,计算机辅助工程网络学院,数字媒体共享中心等,是一个规模庞大的开放式、现代化的公共服务基础设施。千年计划仍由密歇根大学荣休校长 Duderstadt 担纲领袖。

与格里昂论坛"思想库"(think-tank)不同,千年计划项目更大程度上是一个"行动库"(do-tank),在其物理空间内间,校内外教师、学生、专家共同学习研究,以期开发和检验新的大学范式,部分程度上类似企业的研发实验室或孵化中心,各种思想成果会应用于组织实践并继续对其进行研究。[7]例如,在远程学习方面,千年计划参与开发了虚拟的赛博空间大学——密歇根虚拟自动化学院(Michigan Virtual Auto College),后改为"密歇根虚拟大学"(Michigan Virtual University);在国际化教育方面,千年计划联合建立一所真正的全球化大学——犹太人开放大学(Open University for the Jewish People);在信息技术应用方面,千年计划正在尝试与密歇根州政府合作建立新型的学习社区,为大众提供无处不在的学习资源。千年计划关注的是"超视距"(over-the-horizon)技术对社会的影响。

千年计划从事从开展基础研究到开发平台与环境支持,到"原型设计"到"检测",再到成果推出与扩散等各种活动与系列服务,而在事实上从事着有关研究型大学未来发展范式的"研究与开发",而 MU 正是一个试验平台。这可以说是密歇根千年计划最大的特点,即从事面向应用、立足前沿的研究,在这个过程中,信息化是主要手段,政府、中小学、工商界、文化设施和其他院校间的多方合作是重要表现,应对经济社会发展对大学的重大需求是根本目的。

由上可知,密歇根千年计划是一个物理上的研究空间,是一项持续的研究与实践项目,同时也是一种虚拟的合作平台,它关注先进技术对国家、政府、产业界和大学自身

的影响。在过去几年,千年计划开展的几项重要研究包括:幂级技术对社会的影响,大学的未来,国家科学政策,密歇根大学能源研究计划,面向全球化、知识型社会的区域战略,学习型社会,大学基础研究水平与国家技术创新全球领导力,推进全球大学联盟发展。密歇根千年计划是一种"研发"类型的思想库平台,有关研究型大学未来发展的思想,在杜德施达特中心优越条件的支持下得以实践,并在实践中不断深化有关研究成果。从这个意义上说,其实密歇根千年计划事实上是一所"实验室"(laboratory),有关学习型机构的教学、研究、服务与拓展(extension)方面的各种新范式都可以在其间机型设计、构筑和研究。[8]特别是在数字化技术应用到高等教育学习中的研究与实践开展得比较深入,对大学而言,教育常常被视为一种"服务"。

作为一种高等教育领域重要思想库项目的重要成果,从 2000 年到 2011 年,新千年计划推出了系列出版物,包括 Publication 与 Book 两类,前者主要是热点问题报告或文集。新千年项目也是一个研究中心,主要关注技术对社会、社区、高校以及地球的影响,其所关注的多数议题都与上述全球经济社会环境变化有关,并得到持续研究。

从所出版书籍(数量相比报告较少)来看,主要是密歇根大学荣休校长詹姆斯 J. 杜德施塔特所著或参与撰写的有关高等教育重大问题的研究成果,包括:《中西部地区高等教育总规划》(Duderstadt,2011)、《大学研究创新》(Weber,Duderstadt,2010)、《高等教育的全球化》(Weber,Duderstadt,2008)、《密歇根大学未来的第三个世纪路线图》(Duderstadt,2011)、《舵手的视界:在变革时代引领美国大学》(Duderstadt,2007)①、《大学与商业界:知识社会的合作》

① 插图版同名书于 2011 年出版。

（Weber，Duderstadt，2006）、《重塑大学研究》（Weber，Duderstadt，2004）、《走过十字路口：美国公立大学的未来》（Duderstadt，Womack，2003）、《数字化时代的高等教育》（Duderstadt，Atkins，Van Houweling，2003）、《21世纪的大学》（Duderstadt，2000）、《校际竞争与美国大学》（Duderstadt，2000）、《定位新千年的密歇根大学：一项大学转型的案例研究》（Duderstadt，1999）。从内容看，主要关注主题为高等教育特别是公立大学面临挑战的宏观研究和院校发展方面的中观研究两个方面。

千年计划的报告方面的成果相对丰富（如表3），且涵盖工程教育从宏观改革背景到中观的院校战略再到微观的课程开发，都有不同程度的关注。从各种成果来看，与格里昂论坛一样，密歇根千年计划也主要是围绕美国研究型大学尤其是公立研究型大学的21世纪发展进行论述。但千年计划还建立了从思想到时间的转换机制，并与学术性院系、图书馆与信息系统、大学学术拓展部（University's Division of Academic Outreach）建立了紧密联系，同时与其他正在深入开展的活动建立了深入的互动联系，如学术拓展、K-14教育、校园有线电视系统（University of Michigan Television，UMTV）、虚拟大学等。笔者把千年计划主要研究成果概括为四个方面：(1)21世纪数字化时代的大学、大学教育与工程教育变革，(2)大学发展、高等教育规划与政府科学政策：筹资与战略管理，(3)研究大学内部变革：基础设施、多样性与治理，(4)知识经济条件下的政产学研合作：科技革命、经济竞争、能源与可持续发展。[9]

表3　密歇根千年计划相关出版物

序号	年份	出版物名称
1	2012	● 德克萨斯州页岩气水力压裂技术报告回顾 ● 在核能源战争中战斗50年 ● (公立)研究型大学与美国的未来：攸关国家繁荣与安全的十项突破性行动 ● Duderstadt Center 使命重塑 ● 重构研究型大学
2	2011	● 工程设计：一种"文艺复兴" ● 全球可持续发展：重要性、时间表与黑天鹅 ● 核电与你：解释核电的风险与前景的系列电视节目 ● 中西部地区高等教育总规划 ● 美国研究型大学的未来
3	2010	● 美国大学的多样性管理 ● 夏威夷大学之于夏威夷的未来 ● 创新枢纽 ● 工程大挑战 ● 密歇根未来的关键 ● 迫在眉睫：一项维护公立研究型大学的国家战略
4	2009	● NSF战略规划实践 ● 堪萨斯城战略更新 ● 秋天以后：密歇根未来的路线图

序号	年份	出版物名称
5	2008	● 大学使命与博洛尼亚手册 ● 调整高等教育以适应 21 世纪行动 ● 通行于扁平化世界的大学导航 ● 格里昂论坛:高等教育全球化 ● 密歇根路线图回归:对领导力的呼唤
6	2007	● 变革世界的工程 ● 能源战争:一些经验教训 ● 大学的未来:奥尔特云(Oort Cloud)视角 ● 迎击风暴:美国高等教育的挑战
7	2006	● 加州大学工作组有关赔偿、问责制和透明度的报告 ● 密歇根传说 ● 国家委员会质量工作分委会有关高等教育未来的报告 ● 工程研究与美国的未来:应对全球经济挑战 ● 大学与企业:面向知识社会的合作
8	2005	● 公立高等教育的财政危机与可能的解决方案 ● 修复支离破碎的大学:一个桥接视角 ● 密歇根的未来之路:迎接全球知识经济挑战 ● 大湖地区和知识经济 ● 时间证明其正确:堪萨斯城的高等教育战略 ● 高等教育问题:对委员会工作与国家对话的部分想法 ● 公立高等教育的筹资危机和可能的解决方案 ● 工程研究与美国的未来 ● IT 论坛:准备下一次革命到来 ● 面向知识型经济的大学-产业-政府合作 ● 美国工程研究事业的能力评估
9	2004	● 重新平衡联邦 R&D 事业 ● 数字化时代的高校学习:美国国家学术院有关研究成果的更新 ● 数字化时代的大学学习(教育事业) ● 高等教育多样性
10	2003	● 终身领导力奖 ● 改革高校体育 ● 工程 150 周年演讲 ● 美国研究型大学的未来 ● 在不断变化世界的惊涛骇浪中掌舵 ● 规划高等教育的未来 ● 美国原子能计划的未来 60 年 ● 美国公立高等教育的未来 ● 新世纪的高等教育:主题、挑战与选择

序号	年份	出版物名称
11	2002	● 大学北部校区的历史:教训吸取 ● 21 世纪大学的治理:桥的视角 ● IT 对高等教育的影响 ● 终极智能平台:美国研究型大学 ● 21 世纪知识驱动型全球经济中的高等教育未来 ● 有关 21 世纪大学未来的一些猜测 ● 新世纪的高等教育:主题、机遇与挑战 ● 高校体育中多样性和公平 ● 美国能源部的核能研究计划的未来 ● 联邦研究政策与美国研究型大学的未来 ● 学院的商业化 ● 新世纪的高等教育
12	2001	● 数字化时代的大学未来 ● 在快速变化的时代引领高等教育发展 ● 引领学习型社会所要求的大学转型的挑战和危险 ● 未来 50 年的科学政策 ● 为未来大学培养教师
13	2000	● 面临数字时代的研究生教育 ● 在新千年的公立大学融资 ● 应对未来核能可持续发展的必要的人力和智力资本投资 ● 学习型社会:新千年公立大学的未来远景 ● 数字化时代研究型大学的未来 ● 即插即用:看看他们是如何学习的 ● 培养、招聘、开发、保持和退休:以南部边境地区为例看教师的未来 ● 数字化时代的高校学习 ● 联邦研究政策与美国研究型大学的未来 ● 21 世纪大学的转型选择 ● 快速变化时代的大学决策

注:根据情况有所简略。

以 2007 年报告《变革世界的工程:通向工程实践、研究与教育的未来之路》(*Engineering for a Changing World*: *A Roadmap to the Future of Engineering Practice*, *Research*, *and Education*)为例(以下简称《变革》)。[10]千年计划认为,包括人口特征、全球化和技术快速变化在内的一系列强大力量,驱使工程在社会中的作用日趋明显,对工程师提出了更高的要求;技术创新对国家安全与经济竞争力的重要性越来越明显,工程具体应用与基础研究间知识流动的非线性特征、新技术的学科高度交叉本质,以及信息技术的影响,对工程研究与发展提出了新的范式要求。而且,工程外包、学生对科学与工程职业兴趣的下降、移民限制、国内工程劳动力多样化的不足等挑战,更突出了我们现在工程问题的严重性。《变革》认为,工程实践、研究与教育面临着知识经济、全球化、人口统计、技术进步与技术创新的挑战,同时,工程面临着全球可持续发展、能源、全球性的贫困与卫生安全、基础设施等方面的严峻形势。并进而提出了解决这一问题的重要战略。①

① 具体内容请参考浙江大学科教发展战略研究中心内部编译资料《国际工程教育前沿与进展》(2009 年第三卷第 1—3 季)。

四、结束语

本文述及的《高等教育动力学》论丛、格里昂论坛和密歇根新千年计划是近年来在全球范围内比较具有代表性的高等教育领域内的高端智库平台。虽然三个智库平台研讨的主题各异,但都立足于经济、社会、科技等发展的宏观环境与时代背景,注重大学与高等教育的当代责任与未来发展,体现出开拓前沿和引领潮流的改革、创新与实践探索精神。也正是如此,三大平台在主题选择以至于出版物、参与人员与著录者上有不少交叉,特别表现在格里昂论坛和密歇根千年计划。三大智库平台的观察与分析、预见与建议深刻而具体,其对高等教育发展环境的分析以及对大学发展行动计划的展望极具前瞻性与建设性,我们的大学发展研究应予以细心考察,积极借鉴。

参考文献

[1] Maassen, P., & Olsen, Johan P. (Eds.)(2007). Higher Education Dynamics/Description [Z/OL]. UNIVERSITY DYNAMICS AND EUROPEAN INTEGRATION, VOLUME 19, http://link.springer.com/bookseries/6037.

[2] van Vught, Frans A., & Ziegele, F. (Eds.)(2012). Multidimensional Ranking: The Design and Development of U-Multirank [C]. Higher Education Dynamics, Vol. 37, Springer.

[3] THE GLION COLLOQUIUM. General Report(1998—2012)[EB/OL]. http://www.glion.org/pdf/Glion14YearReport.pdf, 2013-02-15.

[4] Anon(2013). The Policy Years: 1996-present [Z]. http://milproj.dc.umich.edu/2012%20RKO%20NERS/pdf/06%20JJD%20Policy%20RKO.pdf, 2013-02-19.

[5] Weber, Luc E., & Duderstadt, James J. (eds)(2012). Global Sustainability and the Responsibilities of Universities [EB/OL]. http://www.glion.org/pdf_livres/g12_global_sustainability_and_the_responsibilities_of_u.pdf, 2013-02-15.

[6] Duderstadt, James J. (2012). Reinventing the Research University [EB/OL]. http://milproj.dc.umich.edupdfs2012/2012%20Rice%20DeLange%20Conference.pdf, 2012-02-26.

[7] James J. Duderstadt(1999). A Case Study in University Transformation: Positioning the University of Michigan for the New Millennium [EB/OL]. http://deepblue.lib.umich.edu/bitstream/handle/2027.42/58619/Strategy.pdf?sequence=1, 2013-02-18.

[8] The Millennium Project(2013). Millennium Project – Introduction [EB/OL]. http://milproj.dc.umich.edu/home/about.html#m02, 2013-02-19.

[9] The Millennium Project. Publications (2000—2012)[EB/OL]. http://milproj.ummu.umich.edu/publications/#m01, 2013-02-20.

[10] Duderstadt, James J. (2008). Engineering for a Changing World: A Roadmap to the Future of Engineering Practice, Research, and Education [R/OL]. http://milproj.ummu.umich.edu/publications/EngFlex_report/download/EngFlex%20Report.pdf, 2013-02-25.

The Preliminary Explorations of Several Themes on Frontier Researches of Foreign University Development

Wu Wei, Zhu Ling, Yao Wei

Abstract: Since the beginning of the 21st century, the hot research topics on foreign university development gradually have focused on how the modern university can realize university ideals and reveal the spirit of the ages in dealing with a series of the global challenges. Based on this, many people from governments, industries, universities and research institutes came together to discuss university development strategies and then some relatively stable "circles" gradually appeared, including all kinds of meetings, publications, research projects and activities. There are some clues to the appearance of think tanks or high-end think-tank platforms on university development. This paper introduces three important representatives: higher education dynamics, Glion Colloquium and Michigan Millennium Project. The discussion themes of the three think tanks are different, yet embody the broad vision of political, economic, social, scientific, technological and ecological system from different sides. The observations and analyses, forecasts and suggestions are deep, specific, but also very prospective and constructive, and they can give us some inspirations and references.

Key Words: Higher Education Dynamics; Glion Colloquium; Michigan Millennium Project

学科建设

Disciplinary Construction

A Case Study of Zhejiang University on Promotion Strategy for International Academic Influence of Research University

研究型大学国际学术影响力提升策略研究[①]

——以浙江大学为例

|李铭霞|　|童金皓|

【摘　要】 纵观当今世界一流大学,主要表现之一就是享有非常高的学术声誉和学术影响力。一所大学的国际学术影响力是其核心竞争力的外在体现,代表了该校在国际学术领域的地位。因此,国内外高水平研究型大学均重视其国际学术影响力的提高。本文界定了国际学术影响力的内涵,明晰其构成要素和评价模型,构建了衡量研究型大学学术影响力的指标体系,并以浙江大学为例分析了当前我国研究型大学国际学术影响力的现状,进而提出国际学术影响力提升的策略和建议。

【关键词】 国际学术影响力;评价模型;指标体系;提升策略

一、国际学术影响力内涵界定

(一)国际学术影响力的内涵

文献综述发现,目前,国内外学术界关于高校国际学术影响力的相关研究成果较少,对国际学术影响力这一概念还没有一个权威的界定。已有研究大多侧重于对各类期刊学术影响力的评价,以及以几个主要大学排行榜为代表的对高校学术影响力的大学评价方面。

何学锋等认为,科技期刊学术影响力是指在某一段时期里科技期刊对其所处科研

①本文是浙江大学高等教育研究会 2010 年度立项课题《浙江大学国际学术影响力的现状及提升策略研究》研究成果。

作者简介:李铭霞,女,浙江大学政策研究室副主任,讲师,从事高等教育管理研究。

童金皓,男,浙江大学政策研究室正科职秘书,从事高等教育管理研究。

领域内科研活动的影响范围和影响深度,它是科技期刊学术质量和论文数量的协同影响,也是科技期刊在科学活动中的作用和价值的共同体现,还是科技期刊社会效益和经济效益的综合反映。龚放等认为,在教育科研领域,学术影响力的大小反映了一个机构或地区的科研水平所处的地位[1][2]。查永军认为,国际学术影响力包括学者的学术权威、学术组织的知名度、学科在国内外的地位以及学术研究风气等[3]。国际学术影响力的高低是多方面因素综合作用的结果,而且,这些因素之间有着特定的联系。

综合已有的文献研究,本研究认为,国际学术影响力是一种立足于高深知识探究基础之上的作用力,是某一组织或个人利用其所掌握的资源创造出新的思想、方法、成果和产品,并且把它们转化为社会价值、经济价值和财富,并在国际上产生影响的力量。而高校国际学术影响力,则特定于大学,高于一般的学术影响力,指向国际这个更高的层面,其既包含学科、论文、师资水平、成果等硬性指标,又包含学生质量、研究态度等软性指标,外现为良好的学术声誉、丰富的学术成果和较高的学术地位等。

(二)国际学术影响力的构成要素及评价模型

本研究从学术影响力的价值体现形式出发,倒推出国际学术影响力的构成要素,主要包括学科实力、科研成果、师资队伍、教育质量、战略性资源、学术声誉和大学文化等七个方面。

在此基础上,本研究构建了高校国际学术影响力的构成要素模型,包括一流学科、科研成果、师资水平和教育质量四个核心模块和战略性资源、学术声誉、大学文化三个影响模块(见图1)。

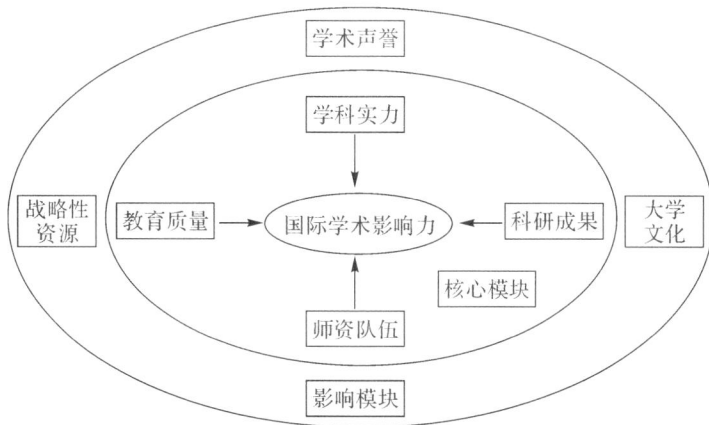

图1 高校国际学术影响力评价模型

从模型看,高校的学科资源、人力资源、物质资源和无形资产,共同构成大学发展的战略性资源,对国际学术影响力起着重要的支持、保障作用,其中人力资源即师资水平是学术影响力的创造主体和承载者,学科实力是学术影响力的重要载体和工作单元,科研成果、教育质量则是学术影响力的重要表现形式。这些相关因素尽管不是学术影响力本身,但对学术影响力的培育和提升起着重要作用。任何一种相关因素的缺失,都有可能导致学术影响力形成的困难。此外,由卓越的办学理念、独特的办学特色、良好的大学制度等共同构成的大学文化,对学术影响力起着发展导向、形成路径、环境支持等

67

作用,是国际学术影响力形成、培育和运用的源动力。

二、衡量国际学术影响力的评价指标体系

本研究在借鉴美国《新闻与世界报道周刊》、英国《泰晤士报》的大学排名指标体系,以及国内上海交通大学的世界大学学术排行榜和中国网大大学排行榜的指标体系,并结合对高校从事高等教育研究领域的资深专家、浙江大学教育学相关专业的在校博士研究生和博士后的座谈、访谈调研所收集到的指标体系的基础上,生成了包括 4 个一级指标和 23 个二级指标的《国际学术影响力衡量指标专家问卷》,通过专家问卷和反复研究,最终形成并确定了国际学术影响力的核心衡量指标体系如下:

表 1 衡量国际学术影响力的核心指标体系

序号	一级指标	二级指标	含义
1	学科实力	优势学科数	进入 ESI 世界前 1%
		顶级学科数	进入 ESI 世界前 100 位
2	科研成果	年度科研经费	平均每年用于整个学术科研活动的经费
		N&S 论文折合总数	统计年度内某所大学过去五年在《Nature》和《Science》上发表论文的折合数量
		ESI 论文总数(SCI、SSCI、A&HCI)	统计年度内在科学引文索引(SCI)收录期刊即第一作者工作单位为某所学校所发表的论文数
		ESI 高被引论文数	在 ESI 中按相应学科领域和年代中的被引频次排在前 1% 以内的论文数
		ESI 收录论文总被引次数	
		ESI 收录论文篇均被引次数	等于总被引次数/论文总数
		H 指数	至少有 n 篇论文每篇被引至少 n 次
		德温特专利数	从德温特专利数据库中获取的各校申请专利数
3	师资水平	诺贝尔奖、菲尔兹奖折合人数	至某一统计年度止,某高校其现职教师队伍中获得过诺贝尔科学奖(物理、化学、生理或医学、经济学)和菲尔兹奖(数学)两个国际公认的权威奖项的折合人数
		生师比	在校全日制学生数/全职教师数
		博士学位教师比例	博士学位教师在所有教师中所占比例
		国际教师比例	国际教师数占全职教师数的百分比
		院士人数	至某一统计年度止,某高校其现职教师队伍中拥有国内外院士头衔的教师数

序号	一级指标	二级指标	含义
4	教育质量	本研比	本科生数与研究生数的比例
		年度获得博士学位毕业生数	统计年度培养的获得博士学位的毕业生人数
		国际学生比例	国际学生数(包括全日制和非全日制学生数)占学生总数的比例
		校友获诺贝尔奖、菲尔兹奖折合人数	至某一统计年度止,其校友中获得过诺贝尔科学奖和菲尔兹奖两个国际公认的权威奖项的折合人数

三、国内研究型大学国际学术影响力的现状分析

本研究以浙江大学为例,就其在衡量国际学术影响力的核心二级指标上的数据,代表以中国九校联盟(简称 C9①)为领头羊的国内高水平研究型大学,选取来自北美、欧洲和澳洲的美国大学联盟(Association of American Universities,简称 AAU②)、英国罗素大学联盟(简称 RG20③)以及澳大利亚八校联盟(简称 GO8④)三个比较理想的一流大学群体作为参照系进行对比分析,以更好地说明国内研究型大学的学术影响力在国际上所处的位置。

近年来,以浙江大学为代表的国内高水平研究型大学,其在表征学术影响力的学科实力、科研成果、师资水平和教育质量方面,取得了突飞猛进的成绩,某些指标数据已经处于世界前列(见表2)[4],国内高水平研究型大学的国际学术影响力日益增强。但同时也应看到,国内高水平研究型大学在表征国际学术影响力的二级指标上,某些数据与世界一流大学仍有较大的差距,比如诺贝尔奖、菲尔兹奖折合人数,校友获诺贝尔奖、菲尔兹奖折合人数,优势学科数,N&S 论文折合总数,ESI 高被引论文数,ESI 收录论文篇均被引次数,国际教师比例,院士人数

等。统计数据表明,国内研究型大学在国际学术影响力方面存在如下不足:一流学科较少,学科实力有待提升;学术大师不多,队伍建设有待增强;拔尖人才缺乏,培养模式有待创新;标志性成果少,科研质量有待提高;国际化程度低,交流合作有待加强。

---

① C9 大学,指教育部"985 工程"一期入围的 9 所高校,包括清华大学、北京大学、上海交通大学、复旦大学、浙江大学、南京大学、中国科学技术大学、哈尔滨工业大学、西安交通大学。

② AAU 成立于 1900 年,总部设在美国华盛顿特区,迄今拥有 61 所美国大学和 2 所加拿大大学。该联盟的基本目标是提供一个永久性的论坛和两年一次的例会,以影响国家和公共机构教育政策的制定和实施,从而提升大学的学术研究和教育水平。

③ RG20 成立于 1994 年,由 20 所英国一流的研究密集型大学组成。罗素大学联盟被称为英国大学的精英,代表着英国最优秀的大学。该联盟致力于提升研究水平、增加学校收入、招纳最优秀的教职员工与学生、降低政府干预以及提倡大学合作等。

④ GO8 于 1999 年 9 月正式成为官方注册单位,是 8 所澳大利亚一流大学的教育共同体常设机构,联盟的八所成员大学均具有强大的学术研究实力,同时注重全面综合的基础与专业教育。

表 2　浙江大学在 C9、AAU、RG20、GO8 中的位次情况

（国际学术影响力核心二级指标，数据 2012 年 6 月统计）

二级核心指标	C9 排位	AAU 排位	RG20 排位	G08 排位
优势学科数	2	54	18	8
顶级学科数	3	49	10	5
年度科研经费	2	37	3	1
N&S 论文折合总数	6	56	——	——
ESI 论文总数（SCI,SSCI,A&HCI）	2	26	5	1
ESI 高被引论文数	4	58	16	7
ESI 收录论文总被引次数	3	50	17	7
ESI 收录论文篇均被引次数	6	63	20	8
H 指数	7	62	19	8
德温特专利数	1	1	1	1
诺贝尔奖、菲尔兹奖折合人数	——	63	20	8
生师比	并列第 1	32	3	5
博士学位教师比例	4	均值附近	均值附近	均值附近
国际教师比例	——	差距大	差距大	差距大
院士人数	8	差距大	差距大	差距大
本研比	7	17	19	8
年度获得博士学位毕业生数	2	16	——	——
国际学生比例	6	63	20	8
校友获诺贝尔奖、菲尔兹奖折合人数	0 无位序	差距大	差距大	差距大

四、提升国内研究型大学国际学术影响力的对策和建议

国际学术影响力的培育和提升是一个复杂的系统工程，是一项长期、艰巨的任务。本研究围绕国际学术影响力的构成要素，结合国内研究型大学国际学术影响力的实际情况，提出如下对策和建议：

（一）优化布局一流学科体系

加强顶层设计，构建学科梯队。要进一步加强学科建设，主要包括学科方向、学科梯队、基地和项目建设。着眼于学科发展前沿和学校的实际情况，明确学科建设顶层设计。构建由基础学科、应用学科、交叉学科和新兴学科组成的，基础与应用相互促进、文理工农医多学科相互支撑、交叉渗透、协调发展的学科体系，形成良好的学科生态。建立合理的学科梯队结构，着力培养学科带头人与学术带头人，形成一支实力雄厚、结构合理、能力较强、学术水平较高的学科梯队。进一步凝练学科研究方向，确定并建设学校的优势和顶级学科，争取有若干学科跻身于世界前列。

重视基础学科，培育新兴学科。要重视

基础学科对研究型大学整体学科建设的支撑作用,加大对基础学科的支持力度,形成一批特色鲜明、优势突出的研究领域和方向,为高校学科体系持续发展奠定坚实基石。学校应根据社会政治经济的发展、形势的变化不断调整学科的设置,要能科学预见、积极培植和优先发展一批新兴、交叉、边缘学科和高新技术学科重点扶植交叉学科和新兴学科,为学校学科发展注入新动力,形成新的知识点。

建设平台基地,丰富学科载体。以相应的跨学科教学平台和科研机构为载体,打造、完善科技创新平台和哲学社会科学创新基地[5],建设若干新的跨院系、跨学校,甚至跨国界的具有创新性、交叉性、开放式的高水平基地,促进一批世界一流学科形成。改革传统泾渭分明的学科组织模式,建立流动、开放的面向项目和任务的平台运行机制,以及以效益为核心的公开、公平、公正的跨学科绩效考核和评价机制,推动科技创新平台和哲学社会科学创新基地进入成熟发展阶段。

营造生态环境,提升学科层次。大力营造适合学科繁荣生长的生态环境,整体建设和规划学科发展。在校内空间布局和校外学科基地拓展上,要从有利于学科会聚和交叉出发,按照科学研究和学科发展的规律,充分重视学科特点,科学合理进行校区功能调整和学科布局,营造学科共生共荣的良好生态环境。

(二)重点建设一流师资队伍

重点加强学术大师引进工作。要加大政策和资金投入,重点引进海外高层次人才,增加两院院士人数,聚集一批具有国际影响力的学科"领军人物"。

着力培养创新团队和学科带头人。实施创新团队建设工程,组建面向重大任务和科学问题的创新研究团队。遴选资助一批具有较高学术水平、突出创新能力和发展潜力的优秀青年学术带头人,构建优秀学科带头人培养平台。充分发挥学科带头人的团队效应和当量效应,提升学校师资队伍的创新和竞争能力。

发挥学术特区引才效应。构建学术特区管理新模式,在人事管理制度、科研工作组织体制、人才培养方式和学术业绩评价方法等方面,给予学术特区新的管理运行空间和权利,积极建立符合国际理念、具有自身特色的学术特区政策,发挥学术特区的引才效应和示范作用。

(三)孕育催生一流科研成果

增加资源投入力度,鼓励原创性研究。不断增加资源投入,完善科研机制,营造公平竞争的学术氛围以及团结合作的人际环境,鼓励原创性研究,大力加强科研成果转化。在规模提升的同时注重内涵建设,使规模增长与质量提升联动,以国家、产业和区域战略发展需求为目标,以解决重大科学前沿问题和基础科学问题为核心,着力提升原始创新能力。

营造以人为本的学术氛围,构建良好宽松的研究环境。努力营造自由、宽松的学术氛围,除在管理上给予教师学术自由和充分空间外,在科研考核体制上要适当调整,引导科研成果由量向质提升,产生有影响力的科研成果。要加大基础研究和前沿科技研究的投入,在若干可能发生革命性突破的科学方向上,力争开拓新问题、新理论和新方法。要根据基础研究周期长、探索性强等特点,加大投入、持续支持、营造快乐科研环境,提高科研内涵,确保研究队伍长期潜心研究。

(四)加强推进国际交流合作

进一步加强高校国际科技合作。建议各高校制定产、学、研国际科技合作的指导性意见;提出国际科技合作的重点发展领域,搭建国际科技合作平台,支持建设若干国际科技合作基地及一批国际科技合作项目;组织、协调和整合相关资源开展国际科技合作。建立起一套激励机制,以增强师生员工参与国际科技合作的意识,提高科研人员参与国际合作的积极性。有计划地培养和培训一批高素质的科技外事管理干部。

进一步加强国际组织合作。明确目标,加大投入,突破一般性人员交流和学术互访,在国际战略高科技前沿领域与世界发达国家一流大学或其他组织开展实质性合作,缩小国内研究型大学与世界一流大学间的差距。

进一步加大学生的国际化培养力度。采取多种形式开展国际交流与合作,引进国外优质资源,积极开拓学生交流的方式,通过联合培养、联合学位、交换生、合作研究、海外实习、海外暑期学校、参加国际会议和国际比赛等多种形式,创造学生与国际顶尖学者沟通、交流的机会,从而扩宽师生的思路和视野。提高留学生招生比例,出台优惠政策,吸引更多国外留学生来校留学。

(五)提升条件支撑保障能力

加强学术权力,激发学术活力。凝练各高校的办学理念、办学定位与特色、学校精神与文化,梳理完善学校内部治理结构,明晰大学内部各种关系,规范学校管理。优化民主管理体系,加强学术权力。强调各学科的学术规律,建立完善高校学术委员会及各级各类学术性委员会,探索适合的学术委员会运行模式和途径,充分发挥教授在教学、学术研究和学校管理中的作用。

加大资源投入,优化资源配置。优化资源配置机制,最大程度地实现学校人、财、物等重要资源的有效共享与效益发挥。给予基层学术组织更多的资源统筹配置自主权。科研经费方面,创新开放、公正、透明的科研资金管理制度,避免科研经费被少数学术寡头或者行政领导所垄断或者无端流失,结合校内、外专家评审制度,从相对较大的面积上分配科研经费并建立科研经费使用监督机制,激励师生(尤其是年轻教师)广泛参与实质性科研活动。

参考文献

[1] 龚放等.2000—2004年我国"教育学"研究报告——基于CSSCI的机构和区域学术影响力分析[J]. 教育发展研究,2006,(9A).

[2] 龚放. 我国教育学研究领域机构、地区学术影响力报告——基于2005～2006年CSSCI的统计分析[J].清华大学教育研究,2009,(6).

[3] 查永军.学术影响力:大学学术权力张扬的内在力量[J].江苏高教,2007,(6).

[4] 马景娣,陈振英,沈利华,陈国钢,余敏杰,丁楠,赵美娣. 浙江大学与国内外一流大学对比分析报告[R].浙江大学内部资料,2010.

[5] 徐小洲,梅伟惠.论世界一流学科建设的战略起点[J].高等教育研究,2009,(5).

A Case Study of Zhejiang University on Promotion Strategy for International Academic Influence of Research University

Li Mingxia, Tong Jinhao

Abstract: One of the main characteristics of world-class universities is enjoying very high academic reputation and academic influence. The international academic influence of a university is the external performance of core competitiveness and represents the university' international position in relative academic fields. Therefore, all the high-level research universities at home and abroad have been paying more attention to the improvement of their international academic influence. This paper defines the connotation of international academic influence and its components and assessment model, and constructs the indicator system for measuring academic influence of Research University. This paper analyzes the current situations of international academic influence of Chinese research universities with Zhejiang University as an example and then puts forward some suggestions as to improving its international academic influence.

Key Words: International Academic Influence; Assessment Model; Indicator System; Promotion Strategy

浙江大学发展战略研究院简介

　　浙江大学发展战略研究院于 2013 年 1 月成立,是学校的直属单位,是国家教育部重点战略研究基地、中国工程院工程教育重点研究基地,浙江大学科教发展战略研究中心与其合署。下设大学发展战略、工程教育、科技管理三个研究方向。

　　浙江大学发展战略研究院的使命:以"全球视野"、"国家战略"和"浙大智囊"为定位,围绕"三个面向",搭建研究平台,整合研究力量,打造战略研究思想库和智囊库,为科教兴国、科教兴校服务。

　　——面向国家科技和高等教育发展战略需求。构建国际化、跨学科平台,承接国家和地方重大研究任务,形成有深度、有广度和操作度的理论成果和政策建议;

　　——面向学校改革与发展重大战略需求。围绕学校争创世界一流的目标,围绕学校发展的战略性、紧迫性问题开展研究,为学校战略决策提供决策咨询支持;

　　——面向科教发展战略的前沿理论需求。把握科技创新和高等教育理论前沿,构筑理论体系和政策体系,打造成在高等教育和战略研究领域与一流大学相称的学术平台。

　　浙江大学发展战略研究院拥有教育经济与管理硕士点、博士点和博士后流动站,还参与管理科学与工程、教育管理等一级学科博士点,以及技术创新管理等二级学科博士点建设。现有教授 11 名,副教授/副研究员、助理教授/助理研究员 8 名,其中博士生导师 5 名、硕士生导师 8 名。在站博士后、在读博士生、硕士生有 30 多名,同时还延请了一批兼职的国内外著名学者。

　　浙江大学发展战略研究院实行理事会领导下的院长负责制,聘请国内外从事现代大学发展战略、科技管理和教育管理研究的资深专家组成专家咨询委员会。浙江大学发展战略研究院积极开展广泛的国际国内合作。在国际上,与联合国教科文组织、亚欧基金会、肯尼迪政府学院等国外著名机构,以及 10 所亚欧一流高校组成的战略合作网络开展战略合作。在国内,与中国科学院、中国工程院、教育部教育发展研究中心等机构以及 10 多所高校建立战略联盟。依托一流的国际国内合作网络,打造协同创新的高端研究平台。

图书在版编目（CIP）数据

科教发展评论. 第 2 辑 / 邹晓东主编. —杭州：浙
江大学出版社，2015.1
ISBN 978-7-308-14362-2

Ⅰ.①科… Ⅱ.①邹… Ⅲ.①高等教育—中国—文集
Ⅳ.①G649.21-53

中国版本图书馆 CIP 数据核字（2015）第 014081 号

科教发展评论：第二辑

主编　邹晓东

责任编辑　李海燕
封面设计　续设计
出版发行　浙江大学出版社
　　　　　（杭州市天目山路 148 号　邮政编码 310007）
　　　　　（网址：http://www.zjupress.com）
排　　版　杭州中大图文设计有限公司
印　　刷　杭州杭新印务有限公司
开　　本　787mm×1092mm　1/16
印　　张　5
字　　数　122 千
版 印 次　2015 年 1 月第 1 版　2015 年 1 月第 1 次印刷
书　　号　ISBN 978-7-308-14362-2
定　　价　20.00 元

浙江大学出版社发行部联系方式：0571－88925591；http://zjdxcbs.tmall.com